Marieke Anschütz
Religiöse Erziehung

Marieke Anschütz

Religiöse Erziehung

Anregungen für das Leben mit Kindern

Aus dem Niederländischen
von Friedegund Weizsäcker-Knörrich

Urachhaus

Die Deutsche Bibliothek – CIP-Einheitsaufnahme

Anschütz, Marieke:

Religiöse Erziehung : Anregungen für das Leben mit Kindern / Marieke Anschütz. Aus dem Niederländ. von Friedegund Weizsäcker-Knörrich. – Stuttgart : Urachhaus, 1992

Einheitssacht.: Over religieuze opvoeding ⟨dt.⟩

ISBN 3-87838-925-6

NE: Weizsäcker-Knörrich, Friedegund [Bearb.]

ISBN 3 87838 925 0

Titel der Originalausgabe: Over religieuze opvoeding.

Gesamtherstellung: Wagner, Nördlingen

Inhalt

Zum Geleit

Dieses Büchlein über religiöse Erziehung kommt aus unserem holländischen Nachbarland. Was macht es übersetzenswert? Ich meine, seine Herkunft aus dem »Land der Maler«. Und so ist es selbst ein »Bilderbuch« geworden. Gerade darum ist es so menschenfreundlich oder, sagen wir, elternfreundlich. Natürlich enthält es auch »gute Ratschläge«, doch werden sie nicht zur schweren Bürde. Es enthält auch tiefsinnige Gedanken, aber nicht wie von der Kanzel herab, sondern als wären sie im Gespräch entstanden, auf einem Weg, den man gemeinsam geht.

In Holland besteht die Landschaft aus wenig festem Land, mehr Wasser und viel Himmel. Die eigentliche Bildgestaltung findet man im Spiel der Wolken. Wer kennt nicht das herrliche Spiel des »Wolkenguckens«? Man legt sich im Sommer in den warmen Sand oder ins Gras auf den Rücken und guckt einfach den Wolken nach. Nach einer Weile wird aus der Wolke vielleicht ein deutlich erkennbares Pferd. Der Schwanz des Pferdes dehnt sich und wird zum Drachen, der Drache zum Schwan, der Schwan zum Segelschiff und dieses zu einem Riesen ... und der Träumer, der auf dem Rücken liegt und das alles sieht, wozu wird der? Zu einem Menschen, der ein kleinwenig anders ist als sonst. Die Wolken am Himmel haben ihn ein Stückchen mitgenommen.

Dieses Büchlein will den Leser auch ein Stückchen mitnehmen. Er darf eintauchen in Bilder aus dem Leben mit

Kindern, aus dem Leben mit anderen Menschen, aus dem Leben mit Gott. Und immer spürt er unmittelbar, daß diese Bilder nicht erfunden, sondern von der Autorin mitten im alltäglichen Leben wahrgenommen und aufgezeichnet sind. Eines geht ins andere über – leicht und zart wie Wolkengebilde. Gedanken, die oft nur kurz aufleuchten – wie Sonnenstrahlen zwischen Wolken hervor –, erhellen die wechselnden Bilder. Sie können das Herz des Lesers tief und warm berühren und sind doch so zart, daß sie sein Innerstes unangetastet lassen. Weder von Moralvorschriften noch von Dogmen wird er bedrängt. Und doch wird er anders werden, wenn er sich mitnehmen läßt auf einen Weg, der immer nur kleine Schritte verlangt und zu großen Zielen führt. Wer hindurchgeht durch das Erleben der scheinbar flüchtigen Bilder und schließlich zurückschaut auf den Weg, der hinter ihm liegt, wird entdecken, daß zwar keine großen Gedankengebäude vor ihm aufgerichtet wurden, er jedoch teilnehmen durfte an Gedanken-Gängen, die zum Lebens-Gang eines Menschen gehören und dadurch einen inneren Zusammenhang haben.

Engländer sind bekannt für ihr understatement. Holländer lieben das auch, jedoch mit einer anderen Nuance – nicht Ironie, sondern die anspruchslose Sachlichkeit eines Kindes schwingt hier mit. Sollte von diesem Ton etwas in der Stimme einer Mutter zu hören sein, die gerade bei der Lektüre dieses Büchleins war, wird das gewiß auch deutschen Kindern gefallen.

Zeist, Herbst 1991 *Friedegund Weizsäcker-Knörrich*

Wer das Gottesreich
nicht in sich aufnimmt wie ein Kind,
wird keinen Zugang dazu finden.

Markus 10

Vorwort

Wer mit Kindern umgeht, kommt auch mit dem religiösen Leben in Berührung. Zu einem kleinen Kind gehört die Selbstverständlichkeit, mit der es sich der Führung des Erwachsenen überläßt, das grenzenlose Vertrauen, mit dem es uns begegnet, und die Offenheit, mit der es die Wunder dieser Welt in sich aufnimmt. Soweit diese Eigenschaften – Hingabe, grenzenloses Vertrauen und Offenheit – auch für das religiöse Leben kennzeichnend sind, dürfen wir von einer »natürlichen Religiosität« des Kindes sprechen.

Für einen Beruf können wir uns ausbilden lassen und die nötigen Fähigkeiten erwerben. Im religiösen Leben jedoch geht es nicht nur um erworbene Fertigkeiten, geht es nicht um das, was wir gelernt haben und in die Praxis umsetzen können, und nicht um das, worin wir uns sicher fühlen. Das religiöse Leben stellt uns oft gerade da auf die Probe, wo wir gern wollen, aber nicht können. Der Gedanke, daß wir im religiösen Bereich mehr durch unser Wollen als durch unser Können geleitet werden, ist vielleicht neu in einer Welt, die dauernd nach unserem Können fragt.

Das religiöse Leben ist nicht nur ein Element oder Teilbereich der gesamten Erziehung; alles, was wir mit den Kindern tun, ist davon durchdrungen, sowohl im positiven als auch im negativen Sinn. Jede Erziehung müßte darum eigentlich »religiöse Erziehung« sein, denn Religiosität ist nicht an eine kirchliche Institution gebunden.

Sie durchdringt das ganze Dasein, ist eine Lebensform, eine Art des Handelns, die aus einem mehr oder weniger bewußten Umgehen mit dem, was wir aus den Evangelien über Lehre und Leben, Tod und Auferstehung dessen wissen können, den wir auch den »Herrn des Schicksals« nennen, entspringt.

Allerdings ist für die religiöse Erziehung eine bestimmte Grundhaltung unentbehrlich. Und das ist die bedingungslose Bereitschaft, sich in den Dienst eines anderen zu stellen. Friedrich Rittelmeyer, der Mitbegründer der Christengemeinschaft, hat dazu einmal gesagt: »Es bleibt ungesprochen, was Gott gerade zu dieser Zeit der Menschheit sagen möchte, es bleibt ungetan, was Gott gerade in diesem Worte heilschaffend wirken möchte, wenn nicht Menschen sich finden, die ihm völlige Freiheit geben in ihrem Herzen und in ihrem Leben.«

Wer diesbezüglich über mangelnde Begabung klagt, sollte bedenken, daß »kein Griffel so gewöhnlich ist, daß mit ihm Michelangelo nicht hätte ein Meisterbild entwerfen können«. Dieser Gedanke, auch ein Ausspruch von Rittelmeyer, ist noch genau so neu und frisch und ursprünglich wie ein kleines Kind, das eben erst das Licht der Welt erblickt.

Schauen wir noch einmal zurück auf das, was kennzeichnend ist für ein Kind und zugleich auch für die Religion: Hingabe, grenzenloses Vertrauen und Offenheit. Was ist denn Hingabe anderes als ein Sich-Geborgen-Fühlen in Gottes Hand – was das Schicksal auch immer bringen mag. Dies gibt uns innere Sicherheit und Ruhe. Es ist das, was wir mit dem recht abgenützten Wort Glaube bezeichnen. Was ist grenzenloses Vertrauen anderes als die beständige Treue, durch alle Schattenseiten hindurch das wahre Wesen des anderen Menschen sehen zu wollen? Mit einem noch stärker abgegriffenen Wort wird das Liebe genannt. Und was ist Offenheit anderes als ein vorurteilsloses Schauen auf das, was werden will, so unvollkommen es bisher auch erst verwirklicht sein mag? In seinem Ersten Brief an die Korinther spricht der Apostel Paulus von dieser Dreiheit. Und seine Worte drücken eine Wahrheit aus, die wir heute noch stärker empfinden als je zuvor: »Nun aber bleibt Glaube, Hoffnung, Liebe, diese drei, die Liebe aber ist die größte unter ihnen.« (1. Kor. 13)

Die Kinder schauen auf uns. Sie nehmen uns wahr in dem, was wir tun, was wir sprechen, ja, sogar in dem, was wir denken. Und das heißt, daß wir ihnen Religion vor-leben müssen. Das ist nicht leicht. Doch können wir es zumindest anstreben – mit kühlem Kopf und warmem Herzen. Dies Büchlein will eine Hilfe sein für diejenigen, die sich darauf einlassen wollen.

Unterwegs

Denkt
bevor
ihr handelt,
und handelnd
denkt
noch stets.

Guido Gezelle

Wer anderen etwas geben will, muß selbst etwas zu geben haben. Das ist die erste Bedingung. Wer selbst keine Religiosität in sich trägt, kann die natürliche Religiosität des Kindes nicht hegen und pflegen. Was dem Kind unbewußt und von Natur aus gegeben ist, müssen wir uns denkend wieder erringen. Erziehen aus einer instinktiven Weisheit heraus ist immer weniger möglich. Wir müssen nach eigenen Wegen suchen, um dasjenige, was früher von selbst als das Rechte »gewußt« wurde, in unser Bewußtsein aufzunehmen. Denn die neue Verbindung mit der göttlichen Welt kann nur über das Denken gehen, wenn wir auf die innere Freiheit nicht verzichten wollen, die wir uns mit Mühe bereits erworben haben.

Meine Mutter sagte immer: »Ich habe euch nicht erzogen, sondern ihr habt mich erzogen«. Das ist eine außergewöhnliche, aber auch kennzeichnende Aussage einer Frau, die selbst in Zeiten ruhiger Sicherheit aufgewachsen ist, die ihre eigenen Kinder jedoch in der Übergangsphase rund um einen Weltkrieg aufziehen mußte. Viele blieben nicht länger als ein Jahr an einem Ort; es hatte keinen Sinn, sich an Haus und Hof zu hängen. Von einem Tag auf den anderen konnte man alles verlieren. Dann mußten an einem anderen Ort neue Sicherheiten erworben werden und neue Gewohnheiten entstehen. Seither ist es im Grunde nicht mehr anders geworden; die alten, ruhigen Zeiten kommen nicht wieder. Dafür aber bekamen wir die Gelegenheit, zu lernen beweglicher zu leben. Wir lernten, Werte und Normen immer neu zu setzen und unser starkes Bedürfnis, uns mit etwas zu verbinden und uns an etwas zu hängen, nicht länger ausschließlich nur auf irdische Güter und auf irdische Sicherheiten zu richten. Das ist eine Lektion, die uns noch täglich neue Aufgaben stellt; denn um diese Art von Sicherheit zu erringen, ist ein ganzes Leben nötig, und es ist noch die Frage, ob ein Leben genügt.

Die große Beweglichkeit kann jedoch auch negative Folgen haben, z. B. die, daß wir verlernt haben, echte »Bindungen« einzugehen. Zuviel Hetze führt dazu, daß uns oft die Zeit fehlt, unsere Aufmerksamkeit auf etwas anderes zu richten als nur auf uns selbst und unsere eigenen Angelegenheiten. Wir sind in dieser Zeit so sehr auf schnelle Veränderungen eingestellt, daß keine Ruhe mehr bleibt, um uns mit etwas oder jemandem tiefer zu verbinden. Doch wenn wir an etwas wirklich hängen, gibt das auch eine gewisse Ruhe, ein Gefühl von Vertrauen und Sicherheit.

Das erste, was wir lernen müssen, ist, *Geduld mit uns selbst* zu haben. Die Geburt eines Kindes kann uns mit Begeisterung erfüllen: wir wollen allerlei Dinge zugleich anpacken, so daß viel begonnen und nichts fertig wird. Wir müssen da recht streng mit uns selbst sein. Alles, was wir uns aneignen wollen, braucht Zeit, um zu wachsen; auch geistige Nahrung muß langsam verdaut werden. Wir müssen nur einmal zuschauen, wie das bei Kindern vor sich geht. Wenn wir mit einem Kindergartenkind ein kleines Spiel machen, einen Reim vom Backen und vom Bäcker mit ihm sprechen und dies mit den entsprechenden Bewegungen begleiten, oder, wenn wir eine Geschichte erzählen, hören wir Kinder oft anschließend betteln: Nochmal! Bitte nochmal! Sie verlangen nach Wiederholung, immer wieder, genau so lang, bis sie das Gehörte und Erlebte in ihr ganzes Wesen aufgenommen und sich bis ins Leibliche hinein damit verbunden haben.

In diesem Sinne müssen wir das, was das Kind von Natur aus hat, bewußt wollen. Was das Kind aus einem unbewußten Wollen heraus in der Wiederholung übt, müssen wir aufgreifen. Ja, wir müssen dem Gesetz der Schwerkraft entgegenwirken und unseren träge gewordenen Leib zu »Wiederholungsübungen« zwingen – bis wir merken, daß uns die Wiederholung gut tut, bis uns von der »anderen Seite« her etwas entgegen kommt und uns hilft. Dann sind wir in einem Strom, der uns trägt. Doch dürfen wir nicht vergessen, daß wir selbst schwimmen müssen, um den Kopf über Wasser zu halten!

Staunen ist der Beginn aller Weisheit. Warum eigentlich tun wir gewisse Dinge? Und – mehr noch: warum tun wir gewisse Dinge nicht? In dieser unruhigen Zeit ist es nicht leicht, »Mutter« zu sein im vollsten Sinn des Wortes: Wärme, Umhüllung und Leben schenken und der feste Boden sein, auf dem man stehen kann. Wirkt es nicht wie ein unerreichbar fernes Ideal? So vieles stürmt auf uns ein, worauf wir uns am liebsten gar nicht einlassen möchten, und doch müssen wir uns damit auseinander setzen. Eines jedoch ist uns wohl allen deutlich: es geht nichts mehr so selbstverständlich wie früher. Die Normen haben sich verschoben, Gewohnheiten haben sich verändert, alte Bräuche sind abgeschafft. Viele kennen auch die tragende Kraft einer Religionsgemeinschaft nicht mehr. Es ist, als ob wir dadurch auch innerlich »kahler« geworden sind. Und es ist deutlich, daß wir nichts mehr »geschenkt« bekommen. Wir müssen selbst handeln und üben, unser Bewußtsein mit unserem Handeln so zu verbinden, daß es bis in die Fingerspitzen dringt. Was bedeutet es denn, wenn wir sagen: »Religiöse Erziehung muß anknüpfen an die Erfahrungswelt des Kindes«? Diese Welt ist nämlich viel größer und weiter als man allgemein denkt. Als Erwachsene haben wir uns an den Gedanken gewöhnt, daß wir alles können und das Kind erst etwas lernen muß. Es ist schon wahr: wir weisen dem Kind hier auf Erden den Weg. Aber, wenn wir ein Kind gut beobachten und es wirklich so wahrnehmen, wie es ist, dann werden wir ahnen, daß das Kind uns im Reich der »Himmel« wegweisend sein kann. Drei Dinge fallen dann auf: die Unbefangenheit, mit der uns ein Kind entgegen kommt, die Hingabe, mit der es sich mit den Dingen verbindet, und das sonnige Vertrauen, das ein Kind uns schenkt. Das sind religiöse Qualitäten allerersten Ranges.

Bleibt uns dann nichts aus unserer eigenen Jugendzeit, was wir weitergeben könnten? Kann ein Kind überhaupt noch etwas Wesentliches von uns lernen? Goethe gibt darauf eine Antwort in seinem »Wilhelm Meister«: »Wohlgeborene, gesunde Kinder . . . bringen viel mit; die

Natur hat jedem alles gegeben, was er für Zeit und Dauer nötig hätte, dieses zu entwickeln ist unsere Pflicht, öfters entwickelt sich's besser von selbst. Aber eins bringt niemand mit auf die Welt, und doch ist es das, worauf alles ankommt, damit der Mensch nach allen Seiten zu ein Mensch sei.« Die besondere Fähigkeit, die den Menschen erst zum Menschen macht und die den Kindern in der »Pädagogischen Provinz« vor allem beigebracht wird, ist die Ehrfurcht.

Und das ist zugleich das zweite, was wir – gleichgültig, ob wir nun mit viel oder wenig Kenntnissen ausgerüstet sind – zur Grundlage unserer Selbsterziehung machen müssen: Entwickeln von *Ehrfurcht und Verehrung* in uns selbst.

Was ist Ehrfurcht? Das ist: die Dinge und die Menschen in ihrem Eigenwert gelten lassen. Es heißt auch: so nach den Dingen schauen, daß wir mehr sehen als nur die irdische Wirklichkeit. Es bedeutet das Heranbilden eines »Wahrnehmungsorganes«, durch das unser Schauen sozusagen lauschend wird. Wir lauschen nach dem, was hinter den Dingen lebt. Zum Beispiel hinter den Fragen von Kindern. Was fragen sie eigentlich? Ein kleines, bald fünfjähriges Mädchen stellt abends beim Zurückblicken auf den Tag plötzlich die Frage: »Ist das eigentlich für jeden gleich, auch für Oma, wenn man ›Donnerstag‹ sagt?« Solange das »Organ« noch nicht gut funktioniert, geben wir einfach eine Antwort und lächeln freundlich über die närrische Frage. Wirkt das Lauschen in uns jedoch schon so, daß wir weniger im Oberflächlichen hängenbleiben, dann »hören« wir auf einmal, daß hinter der Frage etwas wie ein ungeheuer großer Raum, der die ganze Menschheit und ihre Geschichte umfaßt, mitklingt. Dann fühlen wir uns von der unsagbaren Reichweite dieser einfachen, jedoch ungewöhnlichen Frage getroffen. Wir fühlen schwindelnd, wie wir innerlich an einem Abgrund stehen. Gleich darauf umfängt uns ein inniges Gefühl von Dankbarkeit, daß wir so etwas haben hören dürfen.

Ehrfurcht ist etwas, worin wir uns täglich üben können. Und das fällt uns leichter, wenn wir wissen, daß es etwas mit Aufmerksamkeit zu tun hat. So kann derjenige, der daheim die Kinder versorgt, Mutter oder Vater, sich darin üben, in der Umgebung, in der man arbeitet, etwas zu entdecken, worüber man mit Bewunderung und Dankbarkeit nachdenken kann. Das können ganz alltägliche Dinge sein: die saubere Wäsche, die so herrlich frisch riecht, Staubkörnchen, die auf einem Sonnenstrahl tanzen, das Wasser, das beim Auslaufen aus der Badewanne über dem Abflußrohr so einen lustigen Trichter bildet, die Zwiebel, die so viele Kleidchen an hat, oder unser Atem, mit dem wir den heißen Tee abkühlen, jedoch im Winter auch unsere kalten Hände aufwärmen können. Wer seiner Arbeit außerhalb des Hauses nachgeht, nehme sich vor, jeden Tag mit wirklicher Aufmerksamkeit die eine Kastanie zu beobachten und an der Bus- oder Straßenbahnhaltestelle darauf zu achten, wie die Sonne auf die Häuser fällt.

Es gibt keine Schule, in der wir das Erziehen lernen können. Das Leben selbst ist unsere »Schule«: oft müssen wir lernen, indem wir handeln. Und doch ist es gut, wenn wir es nicht nur darauf ankommen lassen. Im Gespräch mit anderen können wir für unser eigenes Handeln Richtlinien finden. In Büchern finden wir exakte Angaben über kompliziertere Probleme wie zum Beispiel Kinderkrankheiten. Wie müssen wir mit Impfungen umgehen? Was müssen wir tun, wenn ein Kind krank wird? Wenn wir die Erscheinungen kennen, brauchen wir nicht in Panik zu geraten. Unsere Ruhe und Sicherheit strahlt auf das kranke Kind aus und hilft ihm, gesund zu werden.

Und so ist die *Entwicklung unseres Bewußtseins* das dritte Element, das man anstreben muß. Dazu gehört auch, daß man sich über die Entwicklung eines Kindes Einsicht verschafft. Doch häufig fehlt Zeit und Lust, um viele Bücher zu lesen. Wer täglich kleine Kinder um sich hat, erlebt oft köstliche Situationen, kleine Plänkeleien, lustige oder tiefsinnige Aussprüche. Jedesmal nehmen wir uns fest vor, uns das zu merken, doch zeigt sich immer wieder, daß wir es schneller vergessen haben als wir dachten. Wer immer Bleistift und Papier zur Hand hat, vor allem in der Zeit, in der die Kleinen sprechen lernen, kann eine gute Gewohnheit daraus machen, die Dinge aufzuschreiben.

Welche Worte des Abendgebetes oder des Tischgebetes werden zuerst mitgesprochen? Wie baut das Kind mit Holzklötzchen? Machen es andere Kinder anders? Wie lernt es laufen? Worin zeigt sich das Charakteristische, die »Eigenart«, der wir bei jedem Kind begegnen und die wir später auch auf anderen Gebieten wiedererkennen? So erwerben wir uns, jeder mit Hilfe seiner eigenen Möglichkeiten, Einsicht in die Entwicklung des uns anvertrauten Kindes.

Eine wichtige Erziehungshilfe kann nicht warm genug empfohlen werden: Wir können versuchen, uns ab und zu abends vor dem Einschlafen ein bestimmtes Kind vorzustellen und uns von ihm innerlich ein Bild zu machen, das so genau wie nur irgend möglich sein sollte. Es ist sehr wichtig, *wie* wir ein Kind anschauen: mit Stolz oder voll Ärger, mit Ehrfurcht, Bewunderung oder allerlei anderen Empfindungen – oder so, daß wir unsere eigenen Gefühle zurückhalten und uns bemühen, die Schwierigkeiten, die wir mit dem Kind haben, seine offensichtlichen Untugenden, die uns oft lästig sind, in einem anderen Licht zu sehen. Warum macht das Kind sich selbst und uns das Leben so schwer? Was will es denn hier auf Erden? Müßten wir nicht vielleicht mehr Vertrauen haben in einen Lebensweg, den wir noch nicht übersehen, sondern nur erahnen können? Dieses »andere Licht« ermöglicht uns auch eine andere Sicht der Dinge. Es ist das strahlende Licht der Selbstlosigkeit, der Demut, der Liebe. Und es verleiht uns die Fähigkeit, das Kind wirklich mit anderen Augen zu sehen. Wir können bald merken, daß diese Übung wirksam ist, und daß z. B. eine festgefahrene, verhärtete Situation wieder in Bewegung kommt. Eine Öffnung kommt zustande, und es zeigt sich ein Weg, auf dem es weiter geht. So wird alle Erziehung – und besonders dann, wenn es um das moralische Leben geht – immer eng verbunden sein mit Selbsterziehung. Die Selbstüberwindung, die wir auf dem einen oder anderen Gebiet zustande bringen, wirkt sich aus auf das Kind. »Bis zum vierzehnten Lebensjahr lebt das Kind mit im Gedankenleben der Mutter«, hörte ich einmal eine alte erfahrene Lehrerin sagen. Ich denke, wir dürfen auch sagen: es nimmt teil am inneren Leben all derer, die mit dem heranwachsenden Kind eng verbunden sind.

Als ein viertes Element der Selbsterziehung kann man den *Tagesrückblick* bezeichnen. Rückwärts wandernd die Ereignisse des Tages noch einmal vor dem inneren Auge vorüberziehen zu lassen, ist eine Übung, die durch Rudolf Steiner, den Begründer der Anthroposophie, oft empfohlen wurde, um unser eigenes Tun und Lassen in den Griff zu bekommen. Vom Abend bis zum Morgen rufen wir uns die Ereignisse des Tages in Erinnerung. Mit großen Schritten durchwandern wir so den Tag und greifen uns am besten nur eine besondere Einzelheit heraus, um dabei etwas länger zu verweilen. So lernen wir mit einer gewissen Objektivität auf das zu schauen, was wir getan, gefühlt und gedacht haben. Nicht immer wird uns dieser Rückblick gelingen. Nach einem sehr ermüdenden Tag kann der Übergang zur Nacht auch auf andere Weise vorbereitet werden, wenn wir nur darauf achten, daß die letzten Gedanken des Tages der Welt angehören, in die wir nun gehen.

Die Augenblicke vor dem Einschlafen sind kostbar. Doch auch am frühen Morgen, kurz nach dem Aufwachen, können wir eine Möglichkeit finden, ein wenig Raum zu schaffen für uns selbst. Sobald wir aufstehen, ist der halbe Vormittag auch schon vorbei, bevor wir es recht gemerkt haben. Dann haben wir oft das unbefriedigende Gefühl, wir seien gar nicht richtig zu uns selbst gekommen. Damit sind wir auch gleich beim fünften – und vielleicht wesentlichsten – Element der Selbsterziehung: *uns selbst eine eigene Zeit im Lauf des Tages einräumen.* Vielleicht ist es möglich, irgendwann zwischendurch eben »Atem zu schöpfen«; doch manch einer hat gute Erfahrungen damit gemacht, etwas früher aufzustehen, wenn das Haus noch still ist und die Vögel draußen noch ihren Morgengesang hören lassen. Ein schönes Gedicht, ein Stückchen aus dem Evangelium, uns mit einem bestimmten Thema inhaltlich beschäftigen, ein Gebet sprechen, einen Spruch sagen – bei all dem kommt es hauptsächlich darauf an, daß wir unsere Gedanken erheben zu einem überirdischen Reich, auf daß uns von dort her die Kraft kommen möge, um unser Tagwerk zu verrichten.

Wenn wir an uns selbst arbeiten, können wir dafür sorgen, daß das Feuer nicht erlischt, das uns in unseren besten Momenten beseelt. Die »freie Zeit«, die wir uns selbst gönnen, ist kein Luxus, ist auch keine verlorene Zeit, sondern wirkt sich auf den ganzen Tag fruchtbar aus. Die Arbeit im Haushalt, die Sorge für die Familie, Aufgaben, die wir außerhalb des Hauses auf uns nehmen – alles wird uns leichter fallen, wenn wir uns durch eine Kraft, die wir durch eigene Anstrengung in uns wach gerufen haben, gestärkt wissen. Die innere Ruhe und Klarheit, die wir uns dadurch erringen, ist das deutlichste Zeichen dafür, daß die Selbsterziehung ein unverzichtbares Kernstück ist innerhalb der Gesamtaufgabe, ein kleines Kind zu erziehen. Ora et Labora war einst der Leitspruch eines Mönchsordens. *Bete und arbeite* – und nicht umgekehrt! Beten – ehrlich, selbstlos und in welcher Form auch immer – heißt doch: immer wieder neu eine Verbindung mit der geistigen Welt suchen. Dies befruchtet unsere Arbeit hier auf Erden, so daß wir zu Recht mit »Enthusiasmus« (en theos – in Gott) in der Arbeit stehen.

Das erste Jahr

Suche
die Sonnenseite,
Kind.

Fülle
deine Augen
mit dem Licht,
das klar und kühl
im ersten Frühling
scheu noch zögert am Parkweg.

Und wachse
wie aus deiner eigenen
Sonne.

Paul Verbruggen

Die Mutter bildet das Tor, durch das wir bei der Geburt als leibliche Menschen die Erde betreten. Darum wende ich mich hier zunächst als Frau und Mutter ganz persönlich an alle, die selbst das Geheimnis des Mutter-Werdens erlebt haben und ein oder mehrmals solch ein Tor sein durften.

Bei der Geburt eines Kindes – und auch noch einige Wochen danach – lebt man als Mutter wie in einem Grenzgebiet zwischen Himmel und Erde. Man fühlt sich »nach oben« hin ganz offen und ist empfänglich für alles, was unsichtbar um so ein neugeborenes Menschenkind lebt und webt. Diese Offenheit macht auch sehr empfindlich und verletzlich gegenüber allen starken Eindrücken. Vierzig Wochen lang ist die Schwangerschaft eine Vorbereitungszeit – nicht allein für das werdende Kind, sondern auch für die werdende Mutter. Die Veränderung ist ja nicht nur leiblich so ungeheuer groß, daß man sich selbst kaum mehr erkennt – man spürt ja auch eine innere Veränderung. So wie sich der ganze Leib auf die Geburt einstellt, richtet sich die ganze Aufmerksamkeit innerlich auf das kommende Kind. Diese Konzentration der Kräfte bewirkt in der Mutter ein Sich-Abschließen gegenüber der Außenwelt. Nicht nur leiblich deutlich sichtbar, sondern auch innerlich wahrnehmbar handelt es sich um ein im Inneren heranwachsendes Leben. Dieser Prozeß läßt sich am besten mit dem Wort »öffnen« andeuten. In dieser besonderen Zeit entsteht – gleichsam durch natürliches Wachstum – eine Offenheit gegenüber der geistigen Welt, die sonst höchstens durch viel Anstrengung und Übung erreicht werden kann.

In den vierzig Tagen nach der Entbindung wird die Mutter dann wieder stabiler und weniger verletzlich. Die Tränen sitzen nicht mehr so locker, sie kann den Haushalt wieder selbst besorgen und wird im Umgang mit dem Neugeborenen immer geschickter – kurz: die Zeit des Wöchnerinnendaseins kommt zu einem gewissen Abschluß. Doch gleichzeitig wird noch etwas anderes abgeschlossen: das Tor zur geistigen Welt, in die die Mutter in dieser allerersten zarten Lebensphase mit aufgenommen war – warm, rosig, offen für liebevolle Gedanken und gute Wünsche. Das Himmelstor wird geschlossen. Aber das Kind, das sie unter dem Herzen getragen hat, ist selbst der Schlüssel zu diesem Tor; er liegt nun in ihrer Hand.

Dies gilt auch noch für einen anderen Menschen, ja, für ihn vielleicht sogar noch mehr als für die Mutter: das ist der Vater. Er kann für sein Kind kein Leibestor sein, doch kann er innerlich den Geburtsvorgang mitvollziehen. Und dann wird er merken – oft zu seiner eigenen Überraschung – wie in seine Stimme ein eigenartig warmer Klang kommt, in sein Handeln eine nie gekannte Zartheit und in seinen Blick eine stille Andacht. Der Vater steht hinter der Mutter und schaut ihr über die Schulter. Mit ihr zusammen schaut er in die Zukunft – nach dem, was erst werden will.

Das Leben eines Menschen vollzieht sich zwischen Geburt und Tod. Unsere Sterbestunde liegt in der Zukunft verborgen. Daß sie einst kommt, wissen wir sicher; doch den Zeitpunkt kennen wir nicht. Auch den Augenblick unserer Geburt kennen wir nicht. Wir können uns nicht an unsere Geburt erinnern und wissen doch sicher, daß sie stattgefunden hat. Im Hier und Jetzt leben wir.

Bevor ein Kind geboren wird, liegt es zusammengerollt im Schoß der Mutter. Normalerweise wird das Köpfchen zuerst geboren; es ist das »Älteste« an unserem Leib und auch das, was am stärksten geformt ist. Der kleine Leib und die Glieder gleiten geschmeidig hinterher. Alles am neugeborenen Kind ist zart und zerbrechlich. Ist es nicht wie ein Wunder, wenn alles »dran« ist und es nirgends zu viel oder zu wenig hat? Die runden Formen aus der Zeit vor der Geburt sind lange noch zu sehen. Ärmchen und Beinchen sind angewinkelt und fortwährend in Bewegung. Es wird noch ein ganzes Jahr dauern, bis das Formelement des Kreises sich streckt und zur geraden Linie wird, die Himmel und Erde verbindet.

Die Augen des Neugeborenen sind dunkel und in sich gekehrt. Tief verborgen hinter den ernsten Augen liegt das Rätsel seiner Persönlichkeit: Wer bist du? Was willst du hier auf Erden tun? Voller Vertrauen und Hingabe kommt das Kind auf die Welt und ruft uns sogleich zur Verantwortung auf. Viele Jahre lang ist es auf unsere Hilfe angewiesen, um seinen Weg auf Erden zu finden.

Sobald das Kind geboren ist, schließt sich der Blutkreislauf. Die direkte Verbindung mit der Mutter wird unterbrochen. Mit dem ersten Schrei setzt der Atem ein. Leiblich gesehen ist das Kind nun ein selbständiges Wesen in einem freistehenden »Haus«, ein Individuum, ein unteilbares Geschöpf. Von der Geburt bis zum Tod ist der Mensch auf sich selbst gestellt.

So wie eine Pflanze keimt und unter dem Einfluß von Licht und Luft, von Wasser und Wärme ein Blatt nach dem anderen entwickelt – so entfaltet das kleine Kind nun seine Fähigkeiten und läßt sie in der Sonne unserer Zuwendung aufleuchten. Die Entwicklung vollzieht sich von oben nach unten. In den ersten Wochen schläft das Kind viel, doch sind es die Augen, die zuerst für die Welt erwachen. Sie halten gar bald das über der Wiege hängende Glöckchen fest und bringen dadurch das Köpfchen zur Ruhe. Nach einiger Zeit tun es die Händchen nach und versuchen, das wollene Häschen auf dem Wickeltisch zu greifen, wobei sich der kleine Leib streckt. Noch viel später sind es die Füßchen, die festen Halt auf der Erde suchen, um das ganze Persönchen zu tragen. Die andauernde Bewegung, die mit dem Element des Wassers verwandt ist, kommt allmählich zur Ruhe.

Es ist schon etwas besonderes, dieses erste Jahr unseres Lebens. Es ist ein Jahr, in dem sich ein Fest an das andere reiht; denn jede neu erworbene Fähigkeit wird mit Freude begrüßt. Da ist zum Beispiel das erste kleine Lachen. Gegen Ende der eigentlichen Wöchnerinnen-Zeit, wenn etwas von der tief empfundenen Offenheit sich zu verlieren beginnt, kommt wie eine Art Trost dieses denkwürdige erste Lächeln. Es ist gerade so, als ob der tief verborgene Kern, etwas von der Eigenart des Kindes an die Oberfläche kommt. Es ist auch, als ob das Kind etwas erkennt, etwas wiederfindet im liebevollen Blick von Mutter und Vater – etwas, das es schon kannte in der Zeit vor seiner Geburt. Dieses deutliche Lächeln des Erkennens kann uns, die um das Kind stehen, mit stiller Freude erfüllen. Denn die erste zarte Begegnung von Mensch zu Mensch ist in diesem »Augen-Blick« zustande gekommen.

Einen anderen solchen freudigen Augenblick erleben wir ungefähr im fünften Monat, wenn wir bemerken, wie das Kind seinen liegenden kleinen Leib in eine zielgerichtete Bewegung bringen will. Es versucht, sich umzudrehen. Das kostet große Mühe und wird von allerhand Stöhnen und Keuchen begleitet. Wir fühlen in uns die Neigung aufsteigen, dabei zu helfen; und doch sollten wir das lieber nicht tun. Auch sollten wir nicht eben mal den Ball in die Nähe der kleinen Greifhand legen. Wer der Versuchung des Eingreifens widersteht und sich zurückhält, kann etwas außerordentlich Faszinierendes zu sehen bekommen: ihm oder ihr wird Einblick gewährt in die Werkstatt ehrfurchtgebietender Kräfte. Es sind die Wachstumskräfte, die an dem Kind bilden und gestalten, wahrhaft göttliche Kräfte, die da wirken. Nur mit entsprechender Ehrfurcht dürfen wir sie schauen.

Am Ende dieses ersten Jahres wird der »Höhepunkt« erreicht: das Kind ist dabei, sich »auf eigene Füße zu stellen«. Die Füßchen sind noch so rund wie kleine Kissen, doch verrät die Gestalt, daß dieses Wesen zum menschlichen »Stand« gehört: in gerader Linie der Schwerkraft entgegen nach oben strebend, die Hände frei, um in der Welt zu arbeiten. Dinge, die in unserem Leben wirklich wichtig sind, ereignen sich oft in unbewachten Augenblicken. Das gilt für den Augenblick des Sterbens, aber auch für das erste Sich-Aufrichten. Tagelang sehen wir, daß es sich ankündigt, doch dann sind wir mit unserer Aufmerksamkeit eben bei etwas anderem; und im Zeitraum dieses »eben« geschieht es. In einem Menschenleben gibt es Augenblicke, die offenbar so heilig sind, daß kein sterbliches Auge sie sehen und keine klickende Kamera sie konservieren darf.

Hier im Zimmer geht ein kleiner Junge allerlei Beschäftigungen nach. Manchmal zieht er sich an einem Stuhl hoch, dann wieder probiert er an einer Bank entlang ein paar kleine Schritte. Immer kräftiger stehen die Füßchen auf der Erde. Doch von freiem Stehen kann noch keine Rede sein. Es scheint so, als ob er auf irgend etwas wartet. Einmal konnte man meinen, es sei so weit: Die Mutter war in der Küche beschäftigt und hörte das Kind rufen. Als sie ins Zimmer kam, ward ihr ganz wundersam zumute. Ihr kleiner Sohn saß mitten im Raum am Boden, weit entfernt von jeder Stütze. Er rief »Auf! Auf! Auf!« Und bei jedem »Auf!« drückte er sich vom Boden ab und richtete sich etwas mehr auf – so wie ein Athlet das aus den Knien heraus tut. Die Mutter hatte den Eindruck, das Kind werde hinauf *gezogen*, bis es frei im Raum stand.

Was sie jedoch am meisten betroffen machte, war das strahlende Lachen auf dem Gesichtchen des Kindes, das nun voller Entschlossenheit drei Schritte machte und sich dann wieder auf allen Vieren niederließ. Er »vergaß« das Laufen drei Wochen lang, bis die Mutter einmal Besorgungen zu machen hatte und gerade nicht im Haus war.

Ein älteres Mädchen, das in dieser Zeit bei der Familie wohnte, übte im Wohnzimmer Cello. Sie war so intensiv beschäftigt, daß ihr nichts auffiel, bis der Junge dicht bei ihr war. Wie mag das vor sich gegangen sein? Der Raum war erfüllt von wundersamen Klängen, die das Kind in Bann schlugen. Es entdeckte die Quelle dieser merkwürdigen Geräusche, wie verzaubert war es aufgestanden und ging nun aufrecht auf das mächtig dröhnende und brummende Instrument zu. Von diesem Augenblick an konnte der Junge laufen und verlernte es nie mehr.

Das werdende Wort

Hinter der großen Kirche,
da liegt ein blauer Stein –
und wenn du auf den Stein trittst,
dann trittst du auf Maria –
Was hat Maria auf dem Schoß?
Ein kleines, kleines Kindlein –
Was hat das Kindlein in der Hand?
Ein golden, golden Büchlein.

Bäckerreim

Der selbstsichere Knirps neben mir stampft auf kräftigen Beinchen hinter dem Wägelchen drein. Auf einmal ruft er das einzige Wort, das er kennt: Ball! Weit und breit ist kein Ball zu sehen . . . oder – etwa doch? Und dann sehe auch ich das runde rote Verkehrsschild mit dem weißen Querbalken, das sich gegen die tief hängenden Buchenzweige deutlich abhebt. Es ist so rund und rot wie der eigene Ball zuhause. Ein anderes Mal werden Ball spielende Kinder mit diesem Wort bezeichnet. In diesem einen Wort konzentriert sich eine Vielzahl von Bedeutungen: es erscheint wie ein erstes Keimblatt einer Pflanze, die unter günstigen Bedingungen immer mehr Blätter entfalten wird. Die Bedeutungen sind schon lange da; sie »hängen« jedoch noch »in der Luft«. Das kleine Kind erfaßt schon sehr früh Beziehungen zwischen Menschen und Dingen und handelt auch danach. Aber diese Beziehungen und Bedeutungen in Worten einfangen, ist eine Kunst, die nur langsam und allmählich gelernt wird. Es ist, als schwebten sie um das Kind, bis der rechte Augenblick gekommen ist, um sie in Worte zu fassen. Dann kommt das eigentliche Unterscheiden; immer mehr Worte werden gebraucht – das echte Namen-Geben kommt in Gang. Es ist die Phase, in der das Kind unermüdlich fragt: Wie heißt das? Was ist das? Sagt man es dann, ist es oft so, als ob das Kind das Benannte, das, was nun einen ›Namen‹ bekommen hat, erkennt. Es nickt bedächtig und wiederholt das Wort mehrmals – während es ihm gleichsam auf der Zunge zergeht.

Wer das Vorrecht hat, ganz aus der Nähe mitzuverfolgen, wie ein Kind sprechen lernt, kann das Gefühl haben, ein Stückchen von der Schöpfung mitzuerleben. Da ist man Zeuge beim Entstehen der eigenen Sprache und ihrer Besonderheiten. Es ist, als ob wir diese Sprache noch einmal lernten – nun aber bewußt. Ich erinnere mich, daß der zweieinhalbjährige Junge, der täglich um mich herum spielte, Schwierigkeiten hatte, bestimmte Klangverbindungen korrekt auszusprechen. Einmal hörte ich ihn sagen: »Wenn ich droß bin und einen droßen Kopf habe, dann ... (er reckt und streckt sich) ... bin ich ... ein Mensch!« Da gebrauchte er zweimal ein d wo ein g hingehört. In anderen Worten gelang ihm das g mühelos, es mußte nur vor einem Vokal stehen.

Bei näherem Hinsehen bemerken wir, daß jedes Kind auf seine eigene Weise eine Verbindung mit der Sprache sucht. Die Konsonanten bieten den größten Widerstand, doch die Art, wie jedes Kind mit diesen Widerständen fertig wird, ist sehr verschieden. Eines aber ist sicher: die Tatsache, daß sie die Laute oft nicht richtig aussprechen, besagt nicht, daß sie die Laute etwa nicht gut hören. Es gelingt nur noch nicht, diese genau nachzubilden. Manches weist sogar daraufhin, daß ein Kind die feineren Klangunterschiede deutlicher wahrnimmt als wir. Von dem gleichen Jungen notierte ich den Ausspruch: »Burzeln jaschen«, das sollte heißen »Wurzeln waschen«. Es war, als ob er den Laut w vor einem u anders hörte als vor einem a. Diese Erscheinung kennt man aus mittelalterlichen Texten und aus Dialekten. Dort blieb erhalten, was dem modernen Menschen, der kein so feines Gehör mehr hat, verloren ging. Bei anderer Gelegenheit wurde es noch deutlicher, als das Kind sagte: »Mama, Baby hält mein Pinger p... test!« Wir sprechen an beiden Stellen ein f – Finger und fest –, doch der kleine Junge hatte bessere Ohren; er verbesserte sich und machte aus dem zweiten f ein t!

Es ist spannend, diesen sprachbildenden Prozeß zu verfolgen. Und wenn man dazu kommt, ab und zu besonders auffallende Dinge aufzuschreiben, kann man allerlei entdecken. Auch beim Vorgang des Sprechenlernens ist es wichtig, daß wir uns als Erwachsene zurückhalten und dem Kind unser Wissen nicht aufdrängen; sonst nehmen wir ihm die Möglichkeit, selbst die Worte zu finden, mit denen es den Dingen einen Namen geben und bestimmte Situationen ausdrücken kann. Es ist sehr einfach, ein Kind mit allerlei angelernten Ausdrücken und Redewendungen voll zu stopfen. Doch wenn man das Kind gelegentlich seinen Weg selbst suchen und es ruhig mit den Worten, die es bereits kennt, experimentieren läßt, bekommt man oft recht originelle Ausdrücke zu hören. – Wenn ich beim Kochen vergesse, das Fenster zu öffnen, bildet sich auf dem Glas ein dichter Dunstschleier. Man sagt dann: Das Fenster ist beschlagen. Das kleine Mädchen, das sich auch in der Küche beschäftigt, bemerkt es, und ohne diese Erscheinung bislang zu kennen und sie richtig benennen zu können, findet sie doch Worte dafür. »Das Fenster ist weg!« ruft sie, und man weiß genau, was sie meint. Das rechte Wort nimmt sie später schon noch auf.

Wohl ist es gut, die eigenen Wortschöpfungen der Kinder nicht unmittelbar zu verbessern, doch müssen wir uns andererseits davor hüten, die Kindersprache zu übernehmen. Natürlich ist es verlockend, die lustigen Ausdrücke und Lautveränderungen nachzuahmen und sie wie eine Art Geheimsprache zu gebrauchen, die dann zwischen uns und dem Kind gilt. Wir meinen vielleicht, das Kind könne uns dann besser begreifen, doch leisten wir ihm damit keinen Dienst. Ein Mensch kann seine Sprache nur durch andere Menschen lernen. Es zeugt von Ehrfurcht gegenüber dem Kind und gegenüber der Sprache, wenn wir uns in seiner Nähe einer möglichst reinen Sprache bedienen.

Eine wunderbare Hilfe beim Sprechenlernen sind die althergebrachten Bäckerreime, Bäckergeschichten, Abzählverse, Rätsel und kleine Unsinngedichte. Was später für die Märchen gilt, sollte man auch bei dieser »Sprachkost« beherzigen. Am allerbesten ist es, wenn wir sie so in uns tragen, daß wir sie sogar im Traum hersagen könnten; denn wenn wir sie aus einem Buch vorlesen – so schön bebildert es auch sein mag! –, hauchen wir der Sprache nicht wirkliches Leben ein. Gleich nach der Geburt unseres ersten Kindes begann ich zu üben. Meine Zunge war im Laufe der Jahre träge geworden. Während ich dem Kind frische Windeln anzog, begann ich nun, die alten Verschen laut aufzusagen. Ich brauchte mich nicht zu genieren: es hörte nur das Baby zu. Durch diese Übungen merkte ich, wie es mir immer müheloser und fließender gelang, es kam Bewegung hinein, etwas begann zu strömen. Und gerade etwa in der Zeit, als mein Ältester zu sprechen anfing, konnte ich allerlei Situationen und Verrichtungen mit der halb singenden Kadenz von Gedichtchen und Fingerspielchen begleiten.

Eine entsprechende Erfahrung kann man auch machen, wenn ein Spruch oder ein Gebet gesprochen wird, obwohl es hier nicht so sehr auf den Klang wie auf den Inhalt ankommt. Wenn wir jeden Abend am Bett eines Kindes mehrere Jahre hindurch einen Spruch sprechen, kommen die Worte in einen Strom und beginnen ein eigenes Leben zu führen. Es ist, als würden wir zu einem Instrument, mit dessen Hilfe sich die Sprache kundtut. Wir beginnen zu ahnen, wie das in früheren Jahrhunderten wohl gewesen sein mag, als die Barden an langen Winterabenden ihre großen Heldengesänge vortrugen. Von einem Buch war da keine Rede.

In der Sprache lebt Weisheit. Das Wort Person leitet sich her vom lateinischen personare, worin man die Bedeutung »hindurchklingen« hören kann. Wenn wir uns als Person für die Welt des Geistes öffnen, kann durch uns hindurch etwas zum Klingen kommen, was wir in Worte zu fassen versuchen, so daß wir die entsprechende Idee oder den Gedanken »be-greifen« können. Doch sobald wir diese Worte aussprechen, bringen wir in der Welt etwas in Bewegung. Wer einmal so weit ist, daß er »ein Wörtchen mitreden« kann, hat ein Werkzeug in der Hand, mit dem er gestalten oder zerstören kann.

Das Wort ist ein wesentlicher Bestandteil im menschlichen Zusammenleben. Und was einen derart wichtigen Platz einnimmt, kann auch leicht mißbraucht werden. Das merken wir nur allzu deutlich im alltäglichen Gebrauch der Sprache. Da wird das Wort zu einem Wegwerfartikel. Doch gleichzeitig können wir die allererhabendsten Dinge damit ausdrücken. Auch in der Wirkung auf andere Menschen hat das Wort einen doppelten Charakter und wirkt zweischneidig. Mit Worten können wir verletzen, aber auch trösten. Wir können damit liebkosen und verwunden.

Worte haben schöpferische Kraft. Sobald wir sie aussprechen, geht eine Wirkung von ihnen aus. Wir merken es täglich in unserem sich in der sichtbaren Welt abspielenden Leben. Das religiöse Leben schenkt uns Vertrauen, daß dies auch für die unsichtbare Welt gilt. Wenn wir die Worte eines Spruches oder Gebetes andächtig sprechen, können wir bemerken, wie sich der Raum um uns her mit einem zarten Leben erfüllt. Nach einiger Zeit fällt uns vielleicht auf, daß wir auch im alltäglichen Leben sorgfältiger mit der Sprache umgehen, wenn wir uns in diesen Augenblicken der Stille darum bemühen, unser Sprechen »durchchristen« zu lassen.

Wer innerlich wach und liebevoll mit der Sprache umgeht, wird etwas von dem großen Mysterium dessen, der im ersten Kapitel des Johannes-Evangeliums »das Weltenwort« genannt wird, ahnen können. Es ist Mensch geworden und hat unter uns gelebt.

Zwischen Takt und Melodie

Fischer von Ma Yuan

Unter Wolken fahren Vögel
unter Wellen fliegen Fische
doch dazwischen ruht der Fischer.

Wellen werden hohe Wolken
Wolken werden hohe Wellen
doch dazwischen ruht der Fischer.

Lucebert

Wir atmen seit dem Augenblick unserer Geburt. Der erste Schrei ist ein Nach-Luft-Schnappen, eine nötige Voraussetzung, um leben zu können. Setzt dieser Schrei nicht gleich ein, wird er durch einen Klaps herbeigeführt. Das Kind muß atmen, um Sauerstoff in alle Fasern seines kleinen Leibes zu bekommen. So wie alles an dem Neugeborenen noch nicht ausgewachsen ist, erweist sich auch der Atem zunächst noch als unregelmäßig. Atmen will gelernt sein. Es muß den eigenen Rhythmus erst noch finden.

Das Kind, wie es da in der Wiege liegt, ist erst nur ein kleiner Teil der Person, die sich auf Erden verkörpern will. Der größte Teil lebt noch unsichtbar um das Kind herum – im Zeitlosen. Dieses Leben ohne Zeitbegriff, ohne ein Bewußtsein von Anfang und Ende, ein strömendes Dahinfließen wie beim Wasser, ist kennzeichnend für das kleine Kind bis etwa zum siebten Lebensjahr. Dann ist das gesunde Kind schulreif. Dann können wir von ihm verlangen, daß es »rechtzeitig« im Klassenzimmer erscheint.

In diesen ersten Jahren gibt die Mutter dem Tageslauf Form und Gestalt. Eigentlich vollbringt die Mutter eines jungen Kindes jeden Tag eine ungeheure Gratwanderung: sie muß ständig versuchen, das Gleichgewicht zu halten zwischen dem Willen, Ordnung zu schaffen und alles zur rechten Zeit geschehen zu lassen einerseits und andererseits dem Wunsch, der Tatsache Rechnung zu tragen, daß solche jungen Kinder noch keinen Begriff von Zeit haben. Die Mutter wirkt als Vermittler zwischen Zeit und Ewigkeit.

Die ersten Wochen nach der Geburt sind am schwierigsten. Das Kind fällt aus dem zeitlosen Leben in eine Welt des Zeitlichen. Die Mutter weiß, daß ein Tag erst überschaubar wird, wenn wir ihm Form geben. Von Anfang an wird sie danach streben, feste Zeiten einzuführen, die einen Anhaltspunkt bieten: das Kind wird immer etwa um die gleiche Zeit gewaschen, gefüttert und gewickelt. Es gibt eine Zeit, in der geschlafen wird, und eine andere, in der man wach ist. Es gibt eine Zeit zum Spielen und eine Zeit, in der gegessen wird. Jede Mutter weiß aus Erfahrung, daß dieses Ordnen des Zeitablaufs anfänglich nicht ohne Schwankungen verläuft und von gar manchem mutlosen Seufzer begleitet wird. Aber sie weiß auch, daß das Kind gut dabei fährt.

In einer Umgebung von Ordnung, Ruhe und Regelmaß kann ein Kind gedeihen. Doch gehört noch etwas anderes zu einer gesunden Entwicklung. Dieses andere sind wir selbst. Unsere Aufmerksamkeit und unser liebevoller Blick sind für das Kind, was für die Pflanzen die Sonne ist. Die Wärme unserer persönlichen Hingabe verwandelt das notwendige Regelmaß erst in Rhythmus. Dadurch entsteht eine Atmosphäre, in der das Kind atmen kann.

Beim schnellen Laufen geraten wir außer Atem. Vor Schreck oder Freude stockt uns der Atem. Vor Spannung halten wir den Atem an. Selbst wir Erwachsenen merken, wie unser Atem beeinflußt wird durch allerlei äußere Umstände. Wo Mißtrauen und Unwahrhaftigkeit herrschen und wo gemauschelt wird, schwelt eine Stimmung, in der wir nicht atmen und leben können. Es wird uns ganz eng ums Herz. Doch in einer Umgebung, in der gegenseitiges Verständnis, Offenheit gegenüber anderen und Unvoreingenommenheit gegenüber den Bestrebungen unserer Mitmenschen gepflegt wird – da können wir atmen, leben, wachsen und arbeiten. Das soll nicht heißen, es müsse andauernd nur Friede und Freude herrschen. Im Gegenteil, das würde ja Stagnation bedeuten. Denn im Rhythmus des Atmens ist Bewegung, ein Hin- und Herschwingen zwischen zwei Extremen, das gehalten ist durch eine unsichtbare und doch stark wirksame Mitte.

Rhythmus ist ein Begriff aus der Musikwelt. Was Rhythmus ist, läßt sich nur schwer beschreiben. Jedenfalls ist es etwas anderes als der Takt in einem Musikstück. Der Taktstrich zerteilt die Musik in Maßeinheiten. Doch ist Rhythmus auch von anderer Art als die Melodie, dieser musikalische Strom ohne Anfang und Ende. Das Rhythmische liegt dazwischen; es hält die Mitte zwischen Takt und Melodie.

Rhythmus wird sichtbar im Wellenmuster auf dem Sandstrand, in den Jahresringen eines durchgesägten Baumstammes, in den wunderlichen Schnörkeln eines durchgeschnittenen Kohlkopfes oder in der Anordnung der Blätter um den Stengel einer Pflanze. Dabei ist eine gewisse Formengleichheit zu erkennen – und doch ist keine einzige Form völlig der anderen gleich. Nie paßt es ganz exakt, immer nur so ungefähr; und dadurch wirkt die Wiederholung niemals eintönig. Gleichförmigkeit, wie wir sie von maschinellen Produkten kennen, wirkt langweilig und ermüdend. Ein sich rhythmisch wiederholendes Muster fesselt unsere Aufmerksamkeit und befriedigt unser Gefühl für Harmonie. Da ist Musik drin!

Das Kind verlangt nach einer rhythmisch geordneten Umgebung. Und wenn es größer ist, hilft es uns oft, die einmal geschaffene Ordnung zu handhaben. Im Zusammenwirken mit den Kindern entstehen allerlei Traditionen. Feste Punkte im Tageslauf sind die Mahlzeiten, doch auch ein kleines Vesper zwischendurch oder das in Holland übliche Plätzchen zum Tee. Auch das Spazierengehen sowie das Waschen, Singen und Erzählen haben ihren festen Platz im Tagesablauf. Man kann dies wirklich eine »heilige Ordnung« im Sinne von »heilen« nennen. Gesundheit für Leib und Seele gehen davon aus.

Drei wichtige Momente im Leben eines Tages verdienen unsere besondere Aufmerksamkeit: das Aufstehen, das Schlafengehen und die Mahlzeiten. Sie sind ganz gewöhnlich und alltäglich, jedoch in all ihrer Gewöhnlichkeit zugleich auch ein Bild für eine geistige Wirklichkeit. Aufwachen und Einschlafen werden nicht umsonst als kleiner Bruder von Geburt und Tod bezeichnet – sind sie doch Übergänge von einem Daseinszustand zum anderen: im kleinen für das Leben eines Tages, im großen für ein ganzes Menschenleben. Das Essen weist uns auf einen anderen geheimnisvollen Prozeß. Hier geht es um Substanzverwandlung. Was wir an Nahrung aufnehmen, wird in uns so verändert, daß es unseren Leib aufbaut und uns leben und wachsen läßt.

Natürlich hat es keinen Sinn, solche Gedanken mit kleinen Kindern zu besprechen. Wir müssen es *tun*. Wie aber können wir diesen drei Momenten im Tagesablauf besonderes Gewicht verleihen, wenn wir das wollen? Was also können wir tun?

Worte sind Träger von Gedanken. Im vorangehenden Kapitel habe ich angedeutet, auf welche Weise wir unsere Worte mit Leben erfüllen können. Dann bleiben Worte keine leeren Hülsen, sondern werden selbst zu Taten. Die rechten Worte zur rechten Zeit in rechter Andacht ausgesprochen sind würdige Begleiter dieser besonderen Momente. Früher, als der Mensch noch voll Unbefangenheit der geistigen Welt gegenüberstand, war das ganze Leben durchzogen von Sprüchen und Gebeten. Bei einem Kind finden wir diese Unbefangenheit wieder, die wir selbst verloren haben.

Der Augenblick des Erwachens bringt immer etwas von Frische und Neugeburt mit sich. Ein gesundes Kind hat mit dem Aufwachen nicht die geringste Mühe: es wacht auf und springt auch schon strahlend aus dem Bett – genauso selbstverständlich wie die Sonne aufgeht. Das Aufstehen, das Sich-Aufrichten in die richtige menschliche Haltung, ist jeden Tag wieder ein Wunder. Das kommt uns oft erst dann zum Bewußtsein, wenn es einmal nicht gelingt. Im Erwachen können wir auch ein Urbild für alle geistige Entwicklung sehen. Sagen wir doch auch »mir geht ein Licht auf« oder »jetzt beginnt es bei mir zu dämmern«, wenn wir ein bestimmtes Problem zu durchschauen beginnen! Den Moment des Aufwachens können wir besonders betonen durch einen Morgengruß, ein Lied oder einen Spruch.

Wenn ein Tag zu Ende geht, sagt eine Krankenschwester im Krankenhaus meistens zu ihren Patienten: »So, nun richten wir Sie für die Nacht her.« Wie wichtig ist das Einschlafen – gerade für kranke Menschen! In der Dunkelheit und Stille nehmen die körperlichen Schmerzen oft zu; Angst kann groteske Formen annehmen. Doch ist der Augenblick des Einschlafens für uns alle von großer Bedeutung. Wie gehen wir in die Nacht hinein? Was eigentlich vor sich geht, wenn wir schlafen, und wem wir dabei begegnen, können wir höchstens ahnen. Doch daß im Schlaf etwas geschieht, ist ganz sicher. Und daß dabei mächtige aufbauende Kräfte mitwirken, erleben wir, wenn wir am anderen Morgen frisch und munter erwachen. Durch die Art, wie wir »hinübergehen«, können wir diesen Kräften den Zugang zu uns erleichtern. Damit sie besser an uns arbeiten können, schenken wir dem Moment des Einschlafens unsere besondere Aufmerksamkeit.

Die Art und Weise, wie wir unseren Kindern Gutenacht sagen, wie wir eben noch einmal kurz die Tagesereignisse in Erinnerung rufen, wie wir sie nochmals gut zudecken und liebevoll eine warme Wange streicheln – dies alles bewirkt, daß die Kinder sich sicher fühlen und ruhig einschlafen können. Auf der anderen Seite übernimmt ein höheres Wesen die Wacht.

Der Umgang mit Kindern kann in uns das Bedürfnis hervorrufen, ein kleines »Ritual« einzuführen, wenn wir die Kinder abends zu Bett bringen. Meistens entsteht so etwas ganz von selbst, eigentlich schon gleich nach der Geburt des Kindes. Die Ankunft eines Kindes erweckt in uns eine religiöse Gebärde. Es ist geradezu eine Urgebärde, die uns allen angeboren ist, jedoch im Lauf des Lebens von anderem wie zugedeckt wurde. Ein Abendgebet oder ein Spruch tut dabei seine gute Wirkung, doch wenn wir das gesprochene Wort etwas einbetten wollen, zünden wir vielleicht vorher eine Kerze an. Es hilft, die Unruhe und Hast des Tages zum Schweigen zu bringen, wenn wir das Licht der kleinen Flamme sich in den Augen des anderen spiegeln sehen. Dann wird die Seele wie ein tiefes Wasser. Die vielen Eindrücke, die wir tagsüber aufgenommen haben, können da hinuntersinken, sich setzen und zur Ruhe kommen. Dann erst sprechen wir das Gebet oder den Spruch. Zuerst sind die Worte noch neu und ungewohnt. Der eigenartig fremde Geschmack im Mund und das Gefühl, als ob ein Fremder spräche, verliert sich nach einiger Zeit, und zu unserer eigenen Überraschung spüren wir, daß der Spruch ein Eigenleben zu führen beginnt, mit einem Mal kann etwas in uns strömen. Das krampfhafte »Es-im-Gedächtnis-haben-müssen« verliert sich. Wenn wir uns diesem Strom anvertrauen, kommen die Worte allmählich wie von selbst jeden Abend neu, jahrelang. Und wenn wir dann das Licht löschen, hat die Dunkelheit nichts heimlich Bedrohendes mehr. Das Kind kann in aller Ruhe über die Schwelle gehen, um seinem Engel zu begegnen.

Es gibt einen Ausspruch, der besagt: Wer in der Jugend beten lernte, kann im Alter segnen. Dies gilt vielleicht noch am stärksten für das Tischgebet. Bevor wir die Nahrung zu uns nehmen, schafft ein kurzer Augenblick der Stille den inneren Raum für das wahrhaft Menschliche. Dabei üben wir Zurückhaltung und machen uns frei von der Begierde, die unserem Leibe eigen ist. Wir sparen ein Stückchen Raum aus für den Dank an die Natur, an unseren Schöpfer und an die Menschen, die unsere Nahrung bereitet haben. Es ist dabei nicht schlimm, wenn ein etwas schwierigerer Spruch erklingt, den ein kleines Kind noch nicht recht begreifen kann. Es nimmt die ganze Stimmung in sich auf. Gebärde und Haltung eines geneigten Hauptes oder gefalteter Hände sprechen auch eine Sprache.

Hier sei noch kurz auf den unterschiedlichen Sprachgebrauch von »Spruch« und »Gebet« eingegangen. Der Spruch lenkt die Aufmerksamkeit auf die sichtbare Welt um uns her; das Gebet kehrt unseren Blick nach innen und lehrt uns das Lauschen. Doch ist beiden Formen gemeinsam, daß sie *wirksam* sind, wenn sie mit Treue und Geduld in der Erziehung eingesetzt werden. So wie sich das Wasser eines Flusses durch sein fortwährendes Strömen ein Bett gräbt, kann das Gebet ein Gefäß bilden für die Wirksamkeit des Geistes. Das ist dann Gnade.

Eine Mutter kann es so erzählen: Vor zwei Tagen saß ich bei meinen Mädchen im Zimmer, um den Spruch zu sagen, wie ich es jeden Abend tue. Als die Worte verklungen waren, sagte die Jüngere mit ihren vier Jahren auf einmal: »Du hast ja ›Gott‹ gesagt – das hab' ich gehört!« Die fünfjährige Ältere fragte sachlich: »Gehört Gott denn hier her?« – »Ja, antwortete ich, hier gehört Gott her«. (Und ich wußte, daß sie daran dachte, wie ich kürzlich etwas als »Gassensprache« bezeichnet und sehr streng abgewiesen hatte.) Nun fuhr die Ältere nachdenklich fort: »Ich hab' auch gehört, wie du ›und alles um mich her‹ gesagt hast«. Sie wurde ganz still und sagte dann: »Das sind die Engel.« – »Nein!«, rief die jüngere Schwester aus natürlichem Widerspruchsgeist. »Jawohl«, antwortete nun sehr entschieden die Ältere, »rings um dein Bett!«

»Mores« lehren

Das Kind

Mit den Dingen verbindet ein Kind sich so wundersam:
der Schatten von Blättern am Boden, sanft und dunkel,
eine Fliederblütendolde, die sacht in Bewegung kam,
bei der Hafenmündung das Wassergefunkel,

der leichte Schneeflockentanz und das leise
Schmelzen und Gleiten am warmen Fensterglas,
die Schlittschuhläufer auf dumpf klingendem Eise,
wo es abseits steht auf gefrorenem Gras:

durch seine großen Augen sinkt, was sie ihm zeigen,
ihm nicht bewußt, hinab in einen klaren Teich
und – wird es sich, alternd, über sich selber neigen,
findet's am Grunde dort wieder dies alles zugleich.

W. Hessels

In einer mittelalterlichen Stadt wurden an besonderen Feiertagen auf dem Markt Spiele aufgeführt – meist auf einem flachen Wagen. Der war dann Fahrzeug und Bühne zugleich. Zwei Stücke bekamen die Zuschauer zu sehen: ein erbauliches und eine Posse oder einen Schwank. Das erste geschah, um den Menschen Moral beizubringen, und das zweite sollte sie – sehr irdisch und gesund – zum Lachen bringen. Zuerst das Ideal, dann eine Karikatur der

Wirklichkeit. Das erbauliche Stück spielte auf drei Ebenen: im Himmel, in der Hölle und auf der Erde. Was oben und unten geschah, war mehr oder weniger festgelegt. Doch in der Mitte, auf der Erde also, da ereignete sich das Eigentliche, da spielte sich das Drama ab, da war alles möglich.

Ebenso rechnet die Erziehung zum wahren Menschsein mit der zweifachen Natur des Menschen, mit der leiblichen und der geistigen. In der Mitte liegt das Spannungsfeld zwischen beiden, da ist der Ort, wo Leib und Geist aufeinandertreffen und sich durchdringen. Das ist auch der Ort, wo die Seele wohnt und wo fortwährend das Gleichgewicht zwischen Himmel und Hölle gesucht werden muß – ein Menschenleben lang. Es ist ein Gebiet, wo nichts festgelegt, wo alles im Werden begriffen ist und wo der Mensch seine Entscheidungsfreiheit verspürt. In diesem eigenartigen Zwischenbereich muß die religiöse Erziehung ansetzen.

Ein Bauer kann nicht säen, wenn der Acker nicht umgepflügt und bestellt ist. So wird es auch der Religionslehrer später schwer haben und das Gefühl bekommen, er müsse auf einem festgewalzten Boden säen, wenn im Elternhaus nicht daran gearbeitet wurde, eine gewisse Offenheit gegenüber dem religiösen Leben zu bewahren. Wir müssen unsere Kinder also so jung wie möglich »mores« lehren! Im heutigen Sprachgebrauch hat dieser Ausdruck einen negativen Beiklang, doch ursprünglich benützten die Römer dieses Wort für die vielen Sitten und Gebräuche im Zusammenleben, für das, was im Laufe der Zeit als anständiges Betragen angesehen wurde. Es waren die ungeschriebenen Gesetze für das, was sich gehört oder nicht gehört – im Gegensatz zu den »leges«, den ungeschriebenen Gesetzen also, durch die das Römische Reich groß geworden ist. Die strenge »väterliche« Hand erkennen wir in der Art, wie die Römer ihre Wege anlegten: der kürzeste Weg zwischen zwei Punkten war für sie die Gerade!

Mit väterlicher Geradlinigkeit können wir jedoch bei einem kleinen Kind nichts erreichen. Es lebt noch in einem Traumbewußtsein, auch wenn es noch so aufgeweckt scheint. Das »väterliche Prinzip« erlebt es eigentlich nur, insofern dies in den Gedanken der Mutter lebt. Später, wenn das Kind zur Schule geht, kommt der Vater mehr in Sicht. Dann gibt es Regeln, an die man sich halten muß. Die »zehn Gebote« beherrschen den Lebensabschnitt zwischen dem siebten und vierzehnten Lebensjahr. Es ist die Zeit der Autorität.

Wer ein kleines Kind betrachtet, sieht, daß es noch weitgehend im »Himmel« lebt, so dicht beim Himmel, daß man meinen möchte, das Sonnenlicht spiegele sich ununterbrochen in ihm. Lange Auslassungen über Ge- und Verbote in allerlei Lehrsätzen scheinen nicht angebracht bei unseren Allerkleinsten, deren sonnige Natur noch in so selbstverständlicher Verbindung mit dem Reich Gottes steht. Das Kind lebt in der Nachahmung, im Tun. Darum müssen wir Regeln und Verboten, die aus dem Bereich der festgelegten, ordnenden Gedanken kommen, dadurch Leben verleihen, daß wir sie an unserem eigenen Leibe in Erscheinung treten lassen. Wir müssen ihnen unsere Hände und Füße leihen. Dies ist der »mütterliche Weg«, der manchmal ein Umweg zu sein scheint, jedoch die entfernten Punkte oft wirkungsvoller miteinander verbindet als die gerade Linie. Das Mütterliche spricht das Kind an, ob es nun von der Mutter selbst kommt, oder vom Vater. Jeder trägt beide Eigenschaften in sich; beide wollen sie zu ihrem Recht kommen. Moralische Werte einem kleinen Kind »mütterlich« nahe zu bringen heißt, Moralität immer in eine religiöse Grundstimmung einzubetten. Dann erst werden die »mores« zu echter Moralität.

Das Wort religio wird oft von einem lateinischen Verb hergeleitet, das wiederverbinden heißt. Auch wenn diese Erklärung den strengen lateinischen Sprachregeln nicht genau entspricht, sagt sie doch etwas Richtiges über den Gefühlswert dieses Wortes aus. Durch Religion wollen wir ja tatsächlich eine neue Verbindung mit der geistigen Welt suchen, die für uns verlorengegangen ist. Ob das allerdings auch für das kleine Kind gilt, ist noch die Frage – jedenfalls nicht in gleicher Art wie für Erwachsene. Andererseits müssen wir sehr wohl begreifen, daß das Kind nicht in der Lage ist, aus sich heraus die natürliche religiöse Verbindung aufrecht zu erhalten. Denn von dem Augenblick an, in dem das Kind seinen ersten Schrei ausstößt und das leibliche Band mit der Mutter durchtrennt wird, geht auch das innere Wahrnehmen der geistigen Welt allmählich verloren. Wenn die Lungen erstmals selbständig arbeiten und das Kind auf dieser Erde zu leben beginnt, ist vom Himmel aus gesehen ein geistiges Wesen gestorben. Die alten Griechen erlebten das als eine Gefangenschaft des unsterblichen menschlichen Wesenskernes, als ein Eingesperrt-Sein in einen Sarkophag, einen Sarg, dessen Deckel immer mehr geschlossen wird. Diesem Bild begegnen wir auch in anderen Kulturen. Es deutet auf ein Grundprinzip des Erdendaseins: Jeder Mensch ist einsam und auf sich selbst angewiesen. Mit der Geburt vollzieht sich dieser Vorgang für den Leib, rund um das siebente Jahr werden die Lebenskräfte frei für ein »Eigendasein«, wiederum nach sieben Jahren entwickelt sich mit der Geschlechtsreife auch die Seele mit all ihren Empfindungen; und wenn wir mit 21 Jahren in die Welt hinaus gehen, spricht der Geist aus dem frei umherschauenden Blick des Menschen. Wir stehen auf eigenen Beinen, sind frei und unabhängig – aber auch einsam. Während eines langen Lebensabschnittes fällt uns das oft gar nicht besonders schwer. Es ist ja so viel zu tun! Wir haben viele Freunde und sind nicht allein. Doch im Älterwerden verstärkt sich das Gefühl des Auf-sich-selbst-angewiesen-Seins. Und schließlich verdichtet sich dieser Prozeß im Sterben.

Die Worte Sünder und sondern (aussondern, absondern) könnten sprachlich die gleiche Wurzel haben. Sie sind miteinander verwandt wie zwei Seiten derselben Wirklichkeit. Sie bedingen einander. Sünde bewirkt von jeher Aus-Sonderung und Trennung von der Gemeinschaft. Wir müssen dabei nur an den »Sündenbock« denken, den Aaron mit allen Sünden Israels beladen in die Wüste jagte. Jede Sünde, ganz gleich, ob es sich nun um eine böse Tat oder einen bösen Gedanken handelt, führt zu Einsamkeit und sondert uns von dem Strom des Lebens ab. Das können wir täglich erfahren, auch wenn wir uns dessen nicht immer bewußt sind. Sünde bewirkt Einsamkeit, einen leisen inneren Sterbeprozeß, ein Abschnüren vom Leben.

Doch kann niemand von uns, auch nicht der Allerbeste, ja, nicht einmal Er, der ohne Sünde war, sich auf Erden dem Gesetz der allgemeinen Absonderung entziehen. Kein Mensch kann – wie die Pflanzen – einfach ein Teil sein von einer ganzen Welt der Lebenskräfte, in fortwährender webender Bewegung ohne Bewußtsein. Wir kommen auf die Erde, um die Einsamkeit kennenzulernen. Das ist gerade der Sinn unseres Erdendaseins. Das ist das Einmalige, was wir auf Erden lernen und erfahren können! Denn das ist die Vorbedingung für ein eigenständiges geistiges Leben: es macht das wahre Menschsein erst möglich. Gleichzeitig bedeutet dies auch, daß wir alle teilhaben an dem, was »Erbsünde« genannt wird.

Auch das neugeborene Kind hat Anteil an der Erbsünde. Sie gehört zum Menschsein. Wir haben angedeutet, wie zunächst die vom mütterlichen Organismus sich befreiende Leiblichkeit geboren wird, während die Lebens- und Seelenkräfte sich erst später frei entfalten. So scheint auch die Beziehung zu den zerstörenden, abbauenden Kräften, die zum irdischen Dasein gehört, zuerst am physischen Leib in Erscheinung zu treten: der eingeatmete, lebensspendende Sauerstoff wird von Anfang an als verbrauchte Luft, als giftige Kohlensäure ausgeatmet; und durch den Stoffwechsel werden Abfallstoffe ausgeschieden. Dieser natürliche Vorgang hat für uns etwas so Selbstverständliches, daß man sich nur schwer darüber Klarheit verschafft, daß diese im Leiblichen verankerte »Erbsünde« die Grundlage für spätere persönliche Sünden ist. Zu diesem aber ist ein Kind noch nicht fähig. Ein Kind kann unartig sein, aber niemals schlecht. Wir können erst dann sagen, ein Mensch sei »schlecht«, wenn er alt genug ist, um zu wissen, was er getan hat, und zu begreifen, daß er verantwortlich ist für sein Tun und Lassen.

Wenn Sünde, wie oben dargestellt, etwas mit »Absondern« zu tun hat, müßte religiöse Erziehung dann also danach streben, einen aus dieser Absonderung herausführenden Weg zu finden, um die zerrissene Verbindung mit der geistigen Welt wieder herzustellen. Das aber bedeutet, daß alle religiöse Erziehung auf die Heilung von der Erbsünde ausgerichtet sein muß. Das ist ein sehr hohes Ideal, denn es beinhaltet nicht mehr und nicht weniger als heilende und gesundende Kräfte gegen die zunehmende Möglichkeit des »Sündigens« aufzubauen. In den ersten Lebensjahren können wir die Grundlage für eine Art geistige Gesundheit leben, die sich jedoch bis ins Leibliche hinein geltend macht; keine andere Lebensphase bietet dafür so reichliche Gelegenheit. Gerade die ersten sieben Jahre sind für das spätere Leben von nicht zu überschätzender Bedeutung. Das kleine Kind appelliert an unsere besten Kräfte. Wer das Kind ernst nimmt und weiß, daß hohe Schöpferkräfte in ihm wirken, fühlt seine Verantwortung und begreift, daß er eigentlich eine priesterliche Aufgabe erfüllt.

Das klingt sehr hoch, vielleicht auch fremd und unerreichbar. Jedoch geht es in der Erziehung gerade nicht um das, was wir schon sind, sondern um das, wonach wir streben und was wir als Ideal in uns tragen. Das sind Kräfte, die an der Zukunft bauen. Wenn wir merken, daß gewisse Dinge noch gar nicht gelingen wollen, kann das vielleicht ein Trost sein.

Als Gott die Welt erschaffen hatte, sah er, daß sie gut war. In dieser »guten Welt« lebt das Kind. Es ist eine wunderbare Welt im wahren Sinn des Wortes: eine Welt, die Wunder hervorbringt. Ein Tag ist für ein Kind so lang wie ein ganzes Leben. Es geschieht ja so viel! Sieht man es dem kleinen Mädchen hier nicht an? Sie ist kaum älter als zwei Jahre und steht da neben einem hoch aufgeschossenen blühenden Fingerhut und beobachtet gespannt und mit größter Aufmerksamkeit eine dicke Hummel, die von einem Blumenkelch zum anderen summt. Das Kind saugt förmlich in sich auf, was es da sieht: das Tierchen mit dem dunklen Pelz, das jedes Mal einen offenen Blumenkelch anfliegt und brummend ganz und gar darin verschwindet. Es paßt alles ganz genau, als ob sie füreinander geschaffen wären. Und vielleicht ist das ja auch so.

Es ist nicht sinnvoll, junge Kinder mit fertigen Lehrmeinungen über Gott und die Welt zu belasten. Viel wichtiger ist es, daß sie Erfahrungen machen, durch die ihre mitgebrachte Religiosität Nahrung bekommt. Diese eine Muschel hier auf dem Strand ist doch ein Wunder von Schönheit und jener eine Kieselstein, von Kinderhand gesammelt, bekommt einen besonderen Glanz, wenn wir ihn in ein Schälchen mit Wasser legen. Die grauweißen Pilze, die in einer Nacht hervorsprießen und einen Hexenkreis am Fuß der mächtigen Buche bilden, das flammendrote Weinlaub, das dort am Schuppen rankt, die glänzende Kastanie, das haarfeine Skelett eines verdorrten Blattes, der glitzernde Tautropfen in einem Spinnennetz – es sind die zahllosen großen und kleinen Wunder der Natur, die dem jungen Kind ein Gefühl von Bewunderung und Verehrung vermitteln und eine Ahnung von der Erhabenheit und Größe der Erde und ihres Schöpfers.

Ehrfurcht ist die Grundlage aller Religion. Sie ist nicht leicht zu lernen; wir müssen sie den Kindern vorleben. Die Ehrfurcht wird sichtbar in der Art und Weise, wie wir mit den Dingen umgehen, sie anfassen und weglegen. Nur von innen her kann man eine solche Haltung erlangen. Doch wenn wir unsere Augen üben, so hingebungsvoll zu beobachten wie das kleine Mädchen, werden unsere Hände von selbst mittun. Freilich ist es ein Übergang, doch lernt man dabei etwas für sein ganzes Leben. Hier können wir auf die untrügliche Nachahmungsfähigkeit des Kindes bauen.

Ehrfurcht vor der Schöpfung, vor der Natur, vor dem, was Menschenhand geschaffen hat – daraus kann sich Ehrfurcht entwickeln auch vor anderen Menschen, wie sie nun einmal sind, mit all ihren Eigenarten. »Danken« und »Begrüßen« sind zwei Dinge, die mit Ehrfurcht zu tun haben. Sie können nur wirksam werden, wenn sie durch Vorleben gelehrt wurden. Sonst bleiben es leere, abstrakte Begriffe. Und wenn uns dies gelingt, unseren Kindern vorzuleben, daß sie in jedem anderen nicht nur einem Menschen begegnen, sondern *dem Menschen*, dann können wir dankbar sein.

Sie gingen miteinander durch die Ladenstraße – das junge Mädchen mit den blonden Locken und die muntere alte Dame mit dem gepflegten grauen Haar. Das Mädchen hielt den Arm der kleinen Dame kräftig fest und warnte vor Steinen und Stufen. Denn die alte Dame plauderte munter darauf los und die fröhlichen dunklen Augen in dem Vogelgesichtchen schauten keck in die Runde, doch nicht auf den Weg, den sie zu gehen hatte.

Diese kleine Frau hatte schon seit Jahren ihr Gedächtnis verloren und darum stellte sie unbekümmert stets die gleichen Fragen, auf die sie immer gedulgig Antwort bekam. Auf dem Weg zu einem der vielen Läden wurden sie von Menschen überholt, andere kamen ihnen entgegen. Manchmal grüßten sie mit freundlichem Nicken oder lüfteten den Hut. Dann versiegte der Wortstrom. Die Dame blieb stehen, schaute den anderen Menschen an und sagte strahlend: »Ich kenne Sie nicht, aber ich grüße Sie gern!« Und dann spazierte sie weiter am Arm des jungen Mädchens, kerzengerade.

Wer am Ende seines Lebens so zu grüßen vermag, ist ein begnadeter Mensch.

Das tanzende Jahr

Feste feiern ist die Bekräftigung
des Überschreitens von Grenzen

Der Jahreslauf ist ein mächtiges rhythmisches Geschehen mit kleinen und großen Höhepunkten, die sich über das alltägliche Leben erheben. Dadurch können wir den Zeitenlauf als eine Wellenbewegung mit Höhen und Tiefen erleben, nicht geradlinig, sondern gleichsam tanzend. So können wir eigentlich auch vom Jahr sagen, daß es »tanzt«. Die Feste, die das alltägliche Leben unterbrechen, schaffen uns immer wieder Gelegenheit, auf das, was hinter uns liegt, zurückzublicken, aber auch vorauszublicken auf das, was noch kommen wird.

Es gibt allerlei Arten von Festen. Da ist zuerst einmal der Geburtstag, der sich vor allen Dingen auf die *Vergangenheit* bezieht. Da tanzen die Gäste um das Geburtstagskind herum und singen: »Lang soll sie leben in der Gloria!« – auch, wenn es ein Junge ist. Denn das »sie« deutet auf die unsichtbare Seele des Menschen hin. Dieser Teil des Menschen möge »in der Gloria« leben, so wie die Engel in der Gloria Gottes. An einem Tag im Jahr wird dieser Segenswunsch für dieses eine Kind gesungen, das da im Mittelpunkt steht und merkt, daß die Menschen ringsum sich über sein Dasein freuen. Jeder Geburtstag erinnert an die Geburt; und darum darf das Kind Süßigkeiten austeilen, die »himmlisch« schmecken. Es ist ja, als ob mit diesem allerersten Beginn ein Versprechen fürs Leben verbunden wäre, das an jedem Geburtstag erneuert wird. Aber dies wird uns erst später bewußt. Und dann schauen wir zurück und fragen uns wehmütig, in wieweit dieses Versprechen eingelöst wurde.

Der kleine Höhepunkt, der jede Woche wiederkehrt, ist der Sonntag, das Fest, das uns begleitet im *Heute*. Im Beginn unserer Zeitrechnung wurde der erste Tag der Woche zum »Tag des Herrn«, wodurch die darauf folgende Arbeitswoche im christlichen Sinne geheiligt wurde. Heiligen bedeutet »heil machen«: Derjenige, der auch der Herr der Woche ist, hilft uns Menschen durch seine beständige Nähe und unterstützt unser Streben nach Heil-Werden, nach Harmonie – jeden Tag aufs neue. Christwerden ist nun einmal keine Angelegenheit, die sich auf den Sonntag beschränkt. Am »Tag des Herrn« schaffen wir aus freiem Willen heraus in uns einen Raum, in dem wir uns immer wieder neu an das Ziel unseres Strebens er-innern. Das ist der Sinn des Sonntags. Und darum ist es sinnvoll, von Anfang an diesem Tag einen bestimmten Akzent zu geben. Wir backen einen leckeren Kuchen, wir essen anders als sonst, wir benützen anderes Geschirr als an den anderen Wochentagen, Großmutter kommt nach der Kirche und trinkt ein Täßchen Kaffee und am Abend wird eine extra lange Geschichte vorgelesen. Jeder findet da gewiß seine eigenen Formen. Später wird der besondere Charakter des Tages durch die Sonntagshandlung für die Kinder noch verstärkt. Durch das Tor des Sonntags treten wir in die Arbeitswoche ein.

Dann gibt es die Höhepunkte, bei denen vor allem die *Zukunft* anklingt. Das sind die Jahreszeitenfeste. So wie die Mahlzeiten Feste für den Leib sind, sind die christlichen Jahresfeste Nahrung für die Seele. Beim Feiern dieser Feste kommt uns in gewissem Sinne unser gemäßigtes Klima zu Hilfe, in dem der Wechsel der Jahreszeiten deutlich erlebbar ist. Das Osterfest paßt zu der sich entfaltenden Frühlingsnatur, Michaeli zum Verwelken und Absterben der Natur im Herbst, Weihnachten gehört zum beginnenden Winter und Johanni läutet den Sommer ein. Das religiöse Leben antworte auf die Naturprozesse und die Bewegungen im Kosmos. Die Tag- und Nachtgleiche und der höchste und tiefste Sonnenstand erfahren eine Ergänzung durch das Jahreszeitenfest, das jedoch immer einige Tage später als das Naturgeschehen beginnt. Auf diese Weise verbinden wir uns denkend mit den Jahreszeiten und mit dem Leben der Erde.

Feste feiern ist eine Kunst, die wir nicht mehr so gut verstehen oder zumindest nicht mehr so selbstverständlich beherrschen. Das war in früheren Jahrhunderten ganz anders: die tanzenden Wellenbewegungen des Jahres wurden durch die Menschen noch stark erlebt, davon zeugt der ungeheure Reichtum an Sitten und Gebräuchen, die den Zeitenstrom begleitet haben. Etwas von diesem Reichtum ist wohl bewahrt geblieben, das meiste jedoch ist verloren. Durch die starke Verstädterung wurde dieser Prozeß im Gemeinschaftsleben noch beschleunigt. In der Stadt ging die Zahl der Feste und Gebräuche, die in den ländlichen Gemeinschaften aus dem Miterleben und der Verbundenheit mit den Jahreszeiten entstanden waren, schnell zurück. Früher brachten die vielen festlichen Gebräuche Farbe und Abwechslung ins Dasein, die Menschen wurden dadurch innerlich reicher und ihr Zeiterleben gefühlsmäßig verstärkt. In unserer Zeit, in der wir alle selbstverständlich lesen lernen und mit dem Blick auf die Uhr leben, haben die alten Gebräuche und Feste ihre »Kalenderfunktion« verloren. Unser Zeitgefühl ist wesentlich verändert, ist eine persönliche Angelegenheit geworden: zehn Minuten ist für den einen nur ein Moment und für den anderen eine Ewigkeit. Beim Feiern der Jahresfeste jedoch handelt es sich um eine überpersönliche Qualität. Selbstverständlich dürfen alte Feste nicht wieder »aufgewärmt« werden, aber es ist natürlich sinnvoll, die darin lebende Weisheit zu ergründen und in unser Bewußtsein aufnehmen zu wollen. Nur so können sie – in neuem Licht erscheinend – uns gemäß wieder zum Leben erweckt werden.

Jedes Fest im Jahreslauf hat eigentlich drei Aspekte. Zuerst einmal ist da die Erinnerung, die Vergangenheit, das, was wir nachlesen können in alten Schriften und was uns die alten Gebräuche übermitteln. Wer die christlichen Festeszeiten feiert, folgt in der ersten Hälfte des Jahres dem Weg, den der Christus in dem Menschen Jesus auf Erden gegangen ist: von Weihnachten bis Ostern und nachfolgend noch Himmelfahrt und Pfingsten. Dies alles vollzieht sich im Zeichen der aufsteigenden Sonne. Zwei Feste geben der anderen Hälfte des Jahres das Gepräge: Johanni und Michaeli. Sie stehen im Zeichen der sinkenden Sonne, des Reifens und Fruchtbringens: Was wir als Geschenk mitbekommen haben, müssen wir nun in die Tat umsetzen. Nun kommt es darauf an, daß sich der Mensch, um Christ zu werden, selbst auf den Weg begibt.

Die Natur kann uns eine Hilfe sein, wollen wir uns bewußt mit den Jahreszeitenfesten verbinden. Doch wird es erst spannend, wenn wir uns fragen, inwieweit der Wunsch nach einer »weißen Weihnacht« und einem bräutlich geschmückten Blütenbaum zu Himmelfahrt nur Nostalgie ist oder etwas mit einer spirituellen Realität zu tun hat. Vor allem mit älteren Kindern müßte man diesen Aspekt zu vertiefen suchen: Was ist eigentlich Schnee? Welche formgebenden Kräfte wirken da mit? Was ist ein Blütenprozeß? Und wie wirken Blumen auf den Menschen?

Das zweite Element, das bei unserer Vorbereitung auf ein Jahreszeitenfest eine Rolle spielen sollte, ist die *Zielsetzung*: Warum tun wir das? Was wollen wir – vielleicht sogar erst in einer ferneren Zukunft – damit erreichen? Denn das Feiern eines solchen Festes offenbart erst seine eigentliche Bedeutung, wenn wir begreifen, daß wir damit Zielen dienen, die weit über das Persönliche hinausgehen. Gerade durch das Tun, durch das tatsächliche Ausgestalten eines Jahreszeitenfestes, können wir ahnen, was das jeweilige Fest zu sagen hat.

Jahrhundertelang waren heilige Feste die Antwort des Menschen auf das, was ihm durch die Natur und durch die göttlichen Kräfte, die er darin wirken sah, geschenkt wurde. Dies war Ausdruck einer realen Verbindung mit der Welt der Lebenskräfte und der rhythmischen Prozesse. Nun scheint sich das riesige Reservoir an Lebenskräften durch das rhythmusfeindliche Leben, das wir heute führen, zu erschöpfen. Doch läßt sich z. B. bereits nachweisen, daß »totes« Wasser wieder neue Lebenskräfte bekommt, wenn man es rhythmisch behandelt, indem man es durch flow forms strömen läßt. Ebenso könnte man sich vorstellen, daß wir, indem wir mit den Jahresrhythmen bewußt leben, ein Reservoir an Lebenskräften verstärken, ja, erneuern – nicht allein für unsere Kinder, nicht allein für uns selbst, sondern für die ganze

Erde. Ist das nicht ein ungeheuer großes Ziel, nach dem wir streben können?

Das Sankt-Martins-Fest lehrt uns, daß die geistige Welt unseres persönlichen Einsatzes bedarf. Der junge römische Ritter Martinus begegnete vor den Toren einer Stadt einem Bettler. Er schenkte ihm die Hälfte seines warmen, weiten Rittermantels, womit er zugleich auch einen Teil seiner Ritterwürde hingab. In der Nacht darauf hatte er einen Traum: Christus erschien ihm, umringt von Engeln, und trug um seine Schultern das Mantelstück, das ihm aus freiem Willen gegeben ward. Da beschloß Martinus, sich künftig ganz in den Dienst des Auferstandenen zu stellen und seine irdischen Würden abzulegen. Damit nahm er einen langen Übungsweg auf sich, doch wußte er, daß er auf diese Art und Weise an einem unvergänglichen Mantel für seinen Herrn webte. So können auch wir, indem wir mit unserem Denken und Handeln die Jahreszeitenfeste vorbereiten und feiern, das Element, in dem Christus lebt, verstärken helfen.

Indem wir mit unserem Denken an Vergangenes anschließen und vorausschauend uns der Zukunft zuwenden, versuchen wir nach bestem Wissen und Gewissen im *Heute* den Jahreszeitenfesten Form und Gestalt zu geben. Und wie herrlich ist es, dies mit Kindern zu tun! Der Ernst unserer Gedanken bei der Vorbereitung findet Widerhall in der sonnenhellen Freude der Kinder. Wenn man ehrlich den Sinn eines Festes suchte und es dann nach bestem Vermögen gestaltet hat, kann dies für die religiöse Erziehung eine wichtige Unterstützung sein und zum Inspirationsquell für andere Feste werden. Den Kindern tun solche Feste gut. Ihre Gesichtchen bekommen Farbe und ihre Augen glänzen; sie fühlen prickelnd die Freude und fröhliche Erwartung in Armen und Beinen. So werden sie sich hier auf Erden immer mehr zuhause fühlen können. Bei der Tauf, wie sie in der Christengemeinschaft vollzogen wird, kommt das Kind in heilige Berührung mit Erdensubstanzen. Das Vertrauen in die Erde wird ihm – wie ein Siegel – mitgegeben auf seinen Weg. Durch das Feiern der Jahreszeitenfeste helfen wir mit, dies Beginnende, diesen zarten Keim zu einer gesunden Pflanze heranwachsen zu lassen.

Bei jedem Fest spielen, auch wenn sich der Akzent oft verschiebt, drei wesentliche Elemente eine Rolle. Ein Fest ist ein Gemeinschaftsgeschehen. Und wo Menschen zusammenkommen, um etwas zu feiern oder einer Sache zu gedenken, ist meistens die *Mahlzeit* ein wichtiger Teil des Geschehens. Etwas gemeinsam essen und trinken ist tief verankert in unserem Menschsein. Ein Festmahl wird mit besonderer Sorgfalt zubereitet, die Tafel ist festlich gedeckt, das alltägliche Brot wird zu Pfingstbrot oder Dreikönigskuchen, in dem eine Bohne geheimnisvoll versteckt ist.

Das zweite Element, das in allerlei Formen bei jedem Fest in Erscheinung tritt, sind die *Blumen*. Mit ihren Farben und ihrem Duft sind sie das Bild für unsere festlich oder feierlich gestimmte Seele. In einer Blumengabe bringen wir unsere Verehrung oder auch Freude und Schmerz zum Ausdruck.

Licht ist das dritte Element, das zu einem Fest gehört. Beim Johanni-Feuer ist es groß, warm und strahlend; es sprüht und funkelt ebenso überschwenglich den Sternen entgegen wie sich unser Herz der steigenden Sonne hingibt. In der Michaelizeit und in der tiefen Dunkelheit rund um die Weihnachtszeit sind es die ein lebendiges Licht verbreitenden Kerzen, die für jeden sichtbar das Geheimnis des Christ-Werdens zur Offenbarung bringen: die Flamme verzehrt das Kerzenwachs, das sich hingibt und dadurch Licht und Wärme spendet.

Mit Hilfe dieser drei Elemente – die Mahlzeit, Blumen und Kerzen – können wir den Inhalt eines Jahreszeitenfestes immer wieder auf ganz verschiedene Weise gestalten, so daß wir selbst und die Kinder die rechte Nahrung für Leib, Seele und Geist finden.

Jedes Fest im Jahreslauf hat seinen eigene Charakter, seine bestimmte Gebärde. Das Licht, das in die Finsternis scheint, ist ein Geschenk, eine himmlische Gabe in der Weihnachtszeit. Es ist für jeden da, der »guten Willens« ist. Ostern ist das Fest der Überwindung, die immer neu errungen werden muß. Kosmologisch gesehen ist es, in Übereinstimmung mit dem Charakter von Ostern, ein bewegliches Fest, ein Keim, der noch wachsen muß, ein Geschehen, das andauernd im Werden ist. Es hat etwas zu tun mit dem Zu- und Abnehmen des Mondes, und auch unser Osterhase, der in vielen Kulturen eine Beziehung zum Mond hat, gehört dazu. Das Wesentliche bei einem Osterfest, ist jedoch das Ostereiersuchen. Wenn etwas versteckt wird, weckt das den Willen zum Suchen: Wer Christ werden will, muß suchen lernen, geduldig und ausdauernd. In der Sonntagshandlung für die Kinder, wie sie in der Christengemeinschaft gehalten wird, antwortet jedes einzelne Kind auf die Frage des durch die Reihen gehenden Priesters, daß es Gott suchen will. Hirten und Könige machten sich auf, um das Kind zu suchen, die Jünger suchten ihren Meister beim Grab am Ostermorgen. So sind Ostereier auch keine gewöhnlichen Eier: sie sind gefärbt. Froh und dankbar begrüßen wir das Licht und die Farbe der aufgehenden Sonne. Die Naturerscheinung findet Widerhall in unserem Herzen.

Vorbereitend können wir mit den Kindern das Zunehmen und Abnehmen des Mondes beobachten, und in Märchen und Erzählungen suchen wir nach Auferstehungsmotiven. Für uns Erwachsene sollte das Miterleben der Passionszeit durch Lesen, Singen und vielleicht besondere Gespräche allmählich eine solche Bedeutung bekommen, daß diese Zeit, in der der Altar in strengem Schwarz erscheint, das Herzstück im Kreise der Jahresfeste wird, die Achse, um die sich alles dreht.

Was sagen uns die Blütenbäume zu Himmelfahrt? Wie Brautsträuße stehen sie auf den Baumwiesen und in den Gärten. Grün ist eine Farbe, die noch zur Erde gehört, doch in den Blüten erleben wir schon ein Stückchen Himmel: so zart, so überirdisch in ihrer Schönheit und ihrem süßen Duft ist eine Blume. Ist sie nicht wie ein Bild für den betenden Menschen? – Noch schwieriger ist es, die »Gebärde« von Pfingsten in der Natur zu erkennen. Es ist die Zeit der Bestäubung und Fruchtbildung. Das Wort Gottes wird als Saat in die Welt hinaus getragen, auf daß es einen fruchtbaren Boden finden möge.

Wenn der Sommer beginnt, feiern wir das Johanni-Fest. Wir spielen und singen um das lodernde Feuer und bringen so unsere Lebensfreude zum Ausdruck; doch die strenge, mahnende Stimme des großen Täufers vernehmen nur wir Älteren. Eine neue Zeit bricht an. Und von uns selbst hängt es ab, ob das Neue auch wirklich durchbrechen kann, so wie die Keimpflanze die Erdkruste durchbricht. Mut ist dafür erforderlich. Das Michaelisfest kann inspirierend sein für diesen Mut. Der Sieg über das Tier im Menschen – leiblich und moralisch – ist die Bedeutung des Bildes vom Kampf mit dem Drachen.

Wenn sich die Herbststürme gelegt haben, kommen die dunklen Novembertage. Das ist der Monat, in dem die stille Sprache der Verstorbenen stärker als sonst zu uns dringt. Jetzt erleben wir das Gegenstück zur Passionszeit im Frühjahr. Einzelne treten auf: St. Martin und St. Nikolaus. Sie erzählen von ihrem Leben, einem Leben, das für göttliches Wirken durchlässig und so transparent wie die Fenster einer gothischen Kathedrale wurde. Mit Advent beginnt dann ein neues Kirchenjahr, eine neue Runde im Reigen der christlichen Feste. Keine Zeit im Jahr ist so wie die Adventszeit geeignet, um mit Kindern festlich begangen zu werden. Es gibt ja so viel zu basteln, zu backen, zu singen und zu spielen, da sind so viele Ideen und es gibt so viel zu tun und vorzubereiten! Und das alles ist so unmittelbar verbunden mit der Erlebniswelt eines Kindes, daß wir uns als Erwachsene durch die innige Herzenswärme dieser vorweihnachtlichen Wochen beschenkt fühlen. Unsere Kinder bringen uns da etwas entgegen, was uns erleichtert, an die Heilung vom Sündenfall und seiner »erblich« gewordenen Folgen zu glauben und weiterhin an der Überwindung der Vereinzelung und des Egoismus zu arbeiten – auch wenn das noch ein fernes Ziel der Menschheit ist. Es gibt nur *eine* Kraft, die das vermag; und gerade in der Adventszeit können wir von ihr etwas erfahren. Es ist die Kraft, von der der Evangelist Johannes immer wieder zu seiner Gemeinde in Ephesus sprach. Als er uralt geworden war, wurden seine Predigten immer kürzer und schließlich faßte er alles, was er zu verkünden hatte, in die wenigen Worte zusammen, die er noch sprechen konnte: »Kindlein, liebet einander!«

Die zentrale Bedeutung der Mahlzeit

Die Tischgenossen

Die Dinge – einfach und labend:
das aufgeschnittene Brot,
Stille, Gebete zu Gott –
denn es wird Abend.

Gewonnen aus Tränen und Pein
dies Zusammensein pflegen:
bei trock'nem Brot der Segen,
zwei in Deinem Namen zu sein.

Wo man am weißgedeckten Tisch
Dein Zeichen weiß zu hüten,
kommst Du und sprichst: »Mit euch sei Frieden«.
Du Brot – Du Wein – Du Fisch.

Ida G. M. Gerhardt

Es ist strahlend schönes Wetter. Unter dem dicken Stamm der schräg nach oben wachsenden Birke liegt der Sandkasten. Heute ist er einladend offen. Die schwere hölzerne Abdeckplatte liegt daneben. Ein etwa zweijähriges Mädchen und ein etwas älterer Junge sind eifrig damit beschäftigt, Kuchen zu backen: die Förmchen mit dem angedrückten Sand werden mit einer geschickten Drehung auf den breiten Sandkastenrand umgestürzt. Wenn die Reihe voll ist, betrachten die Kinder zufrieden das Resultat ihrer Anstrengungen und dann – werden die Kuchen gnadenlos hinweggefegt, um Platz zu schaffen für neues, noch schöneres Backwerk.

Auf dem Rasen krabbelt das jüngere Schwesterchen herum. Ab und zu setzt sie sich aufrecht hin, zieht nachdenklich ein Grashälmchen heraus und steckt es in den Mund. Sie hört das Geplauder der anderen Kinder und bewegt sich in ihre Richtung. Bäuchlings schiebt sie sich über den breiten Rand und greift mit beiden Patschhändchen in den Sand. Ein eigenartiger Leckerbissen ist das! Ganz anders als Gras. Ob es auch anders schmeckt? Kurz darauf verschwindet ein kleines bißchen vom Sandkasten in ihrem Mäulchen und wird ernsthaft gekostet.

Die zwei größeren Kinder scheinen vor allem am Vorgang des Backens interessiert. Nicht auf das Resultat ihrer Arbeit, sondern auf das Tun selbst kommt es an. Das kleine Kind ist mit etwas ganz anderem beschäftigt: Es entdeckt die Welt. Was es auch sieht, es will danach greifen; was es kennenlernen will, muß es berühren. Denn die Verbindung mit dieser unbekannten Welt ist zunächst eine leibliche, sie geht über die konkrete irdische Leiblichkeit. Das Kind greift, zieht etwas zu sich her, tastet und – kostet. Das hölzerne Püppchen, das Vater geschnitzt hat, ist angeknabbert, der Filzball ist besabbert und wenn die Mutter nicht gut aufpaßt, findet sie die Perlen im Töpfchen wieder. Essen, das Sich-Gewöhnen an irdische Nahrung, kann jahrelang zu einem Abenteuer werden, das die Mutter zur Verzweiflung bringen kann. Probieren, für gut befinden oder oft für lange Zeit ablehnen: das ist es, was uns bei einem kleinen Kind zunächst auffällt. Andererseits kann ein Kind, wenn es das Essen einmal mag, intensiv genießen, begleitet von Lauten und Grimassen, mit Armen und Beinen strampelnd vor Entzücken. Hingebungsvoll und mit einer Freude, die noch im kleinen Zeh ihren Ausdruck findet, wird Essen und Trinken aufgenommen. Im seelischen Bereich würden wir eine solche Hingabe »religiös« nennen. Für das kleine Kind ist die Mahlzeit eine »religiöse Angelegenheit«.

Wenn wir wahrnehmen, wie ein kleines Kind einerseits wählerisch und andererseits hingebungsvoll die irdische Nahrung aufnimmt, können wir ahnen, daß es vielleicht doch etwas besonderes auf sich hat mit dem Verdauungsprozeß. Was geschieht denn eigentlich, wenn wir Nahrung aufnehmen? Da ereignet sich nicht mehr und nicht weniger als daß sich im Essen und Trinken die Außenwelt mit uns verbindet. Dazu kommt, daß wir Materie in uns aufnehmen, die verwandelt wird in Energie, in Wärme. Wir essen etwas Sichtbares, das sich in etwas Unsichtbares umwandelt. Aus Erdenstoff entsteht geistige Substanz, indem er in uns verdaut wird. Ist das nicht wunderbar? Es ist das Alltäglichste und Natürlichste, das wir kennen, und zugleich rühren wir hier an das größte Mysterium des religiösen Lebens: nämlich, daß der Geist in der Materie wirksam sein kann. Welch ein geheimnisvoller Vorgang ist doch der Verdauungsprozeß, über den wir heute kaum mehr nachdenken, von dem der Mensch jedoch in früheren Zeiten immer gewußt hat! Denn in allen alten Mysterien stand eine Mahlzeit an zentraler Stelle – dort, wo sich Geist und Materie verbinden. Ursprünglich ist Essen und Trinken ein sakrales Geschehen.

Aus der Jugend der Menschheit stammt eine Erzählung, die eine frappierende Ähnlichkeit zeigt mit der Art und Weise, in der ein ganz kleines Kind die Welt erkundet. Eva aß von dem Paradiesesapfel, weil sie die von Gott geschaffene Welt kennenlernen wollte. Ebenso wenig wie ein Kind konnte Eva die Tragweite dessen, was sie da tat, ermessen. Eine große Veränderung trat ein: Im Paradies durften sich Adam und Eva von den vorhandenen Früchten ernähren, doch nachdem sie von der verbotenen Frucht gegessen hatten, mußten sie sich von ihrer Hände Arbeit ernähren. Und von diesem Augenblick an beginnt die Geschichte der Menschheit auf Erden.

Im Alten Testament – auf das wir uns hier beschränken wollen – wird die Menschheitsgeschichte unter ganz bestimmten Gesichtspunkten beschrieben und auch jahrhundertelang unter diesen erfahren. Die einzelnen Ereignisse erhalten ihre Bedeutung von der Heilserwartung her. Die großen Gestalten, die durch ihre Worte und Taten den Lauf der Geschichte bestimmen, treten in ihren Umrissen erst in einem Licht, das wie aus der Zukunft her alles beleuchtet und auf ein fernes Ziel weist, deutlich hervor. Eines der Motive, die dadurch einen besonderen Glanz erhalten, ist das des Mahles. Es ist nämlich auffallend, daß oft in entscheidenden Momenten dieser Menschheitsgeschichte eine Mahlzeit eine wichtige Rolle spielt. Ich will hier nur drei Beispiele herausgreifen:

1. Der Erzvater Abraham erhielt von der Gottheit den Auftrag, hinwegzuziehen in »das Land, das ich dir zeigen will«. Er erhält das Versprechen: »Ich will dich zu einem großen Volke machen und dich segnen«. Die Ehe von Abraham und Sarah blieb jedoch kinderlos, viele Jahre lang, bis eines Tages drei Männer erscheinen. Abraham lädt sie zu einer Mahlzeit ein. Danach verkündigen sie ihm, daß seine Frau Sarah übers Jahr einen Sohn haben

wird. Die Verheißung einer Nachkommenschaft »so zahlreich wie die Sterne« soll sich nun erfüllen. Doch Sarah lacht. Sie kann nicht glauben, daß sie noch gebären soll. Aus menschlicher Sicht muß es scheinen, als hingen die Pläne Gottes an einem seidenen Faden. Waren doch die Eheleute schon hochbetagt! Einstmals war es der Mensch, der ungewollt die Verbindung mit der Gottheit zerbrach, indem er von der verbotenen Frucht aß. Nun ist es die Gottheit selbst, die in Gestalt der drei Männer eine neue Verbindung mit dem Menschen sucht. Und dieser wichtige Augenblick wird durch eine Mahlzeit gekennzeichnet. Ein Jahr später wird Gottes Versprechen an Abraham eingelöst: der Sohn Isaak wird geboren.

2. Viele, viele Jahre später gibt ein alter, fast blinder Vater Isaak seinen kostbaren väterlichen Segen seinem Sohn Jakob, dem er von Rechts wegen nicht zukam. Als Unterpfand für diesen Segen, den er sich durch List erworben hat, brachte Jakob seinem Vater ein Fleischgericht und Wein. Dieser wichtige Augenblick, der weitreichende Folgen hatte, erhielt einen besonderen Nachdruck durch die Mahlzeit.

3. Einmal im Jahr wird in einer jüdischen Hausgemeinschaft Pesach gefeiert – auch Passah genannt – das Osterfest der Israeliten. Es ist der Beginn des Festes der ungesäuerten Brote, das eine ganze Woche lang dauert. Auch hier wird die Feier durch ein Mahl bekräftigt. Das Bitterkraut erinnert an die Sklaverei in Ägypten und die Brote sind ungesäuert, weil keine Zeit blieb, den Teig gehen zu lassen. Noch in derselben Nacht zogen die Israeliten unter der Führung von Moses und Aaron aus Ägypten fort. Es handelt sich also um ein Festmahl, bei dem man der Befreiung aus jahrhundertelanger Sklaverei gedenkt.

Nach getaner Arbeit ist gut ruhen. Das wußte Gott auch. Darum ruhte er am siebenten Tag, nachdem das Werk der Schöpfung vollbracht war – so wird es im Buch Genesis beschrieben. Bei den Israeliten wurde dieser Ruhetag zum Gesetz erhoben, zum Sabbattag. Nach jüdischem Brauch beginnt ein Tag am Vorabend bei Sonnenuntergang. So wird der heilige, heilsame Ruhetag überall, wo praktizierende Juden wohnen, feierlich mit einem Abend-Mahl begonnen. An jedem Sabbatbeginn (für uns also Freitagabend) wird der Bund mit der Gottheit durch Essen und Trinken von Brot und Wein erneuert. Indem der Sabbat die Ruhe nach getaner Arbeit feiert und am Ende der Arbeitswoche steht, auf die man zurückblickt, hat er insgesamt einen Feier-*Abend*-Charakter. Und er wird feierlich begonnen mit einem Mahl am *Abend*.

Das Land Israel hat eine bewegte Geschichte. Dieses Stückchen Land ist von vielen Völkern überschwemmt worden – von Norden nach Süden und umgekehrt. Die Bewohner wurden ins Exil geführt, kamen wieder zurück und bauten das Land wieder auf. Ein starker Führer nach dem anderen stand auf und führte eine Zeitlang das Regiment. Doch als die Römer das Land in Besitz nahmen und der letzte Kampf der Makkabäer ausgekämpft war, entflammte mit neuer Kraft die Sehnsucht nach einem Erlöser, einem Messias, der dem Land wieder ein eigenes Gesicht geben sollte.

In den Evangelien des Neuen Testaments wird die Erfüllung dieser Heilserwartung beschrieben. Das unsichtbare Christuswesen zieht bei der Jordantaufe in den sichtbaren Menschen Jesus ein. Das erste Zeichen seines Werkes geschieht bei der Hochzeit zu Kana, während die Gäste zu Tische sitzen. Auch im weiteren Verlauf der

Evangelien finden wir immer wieder das Motiv der Mahlzeit. Böswillige Leute werfen Jesus vor, daß er immer wieder mit Sündern und Zöllnern zu Tische sitzt. Bei der Speisung der Fünftausend wurden die vielen Menschen, die ihm gefolgt waren, durch fünf Brote und zwei Fische gespeist. Bei dieser »wunderbaren Speisung« durchzogen die immateriellen Lebenskräfte die Materie in einer Weise, daß alle gesättigt wurden. Dieses Ereignis weist schon auf das Letzte Abendmahl hin, in dem schließlich alle Mahlzeiten ihren Höhepunkt finden. In Brot und Wein schenkt Christus Jesus seinen Leib und sein Blut an die Jünger; er wird selbst zu Speise und Trank. Auch nach Tod und Auferstehung erscheint der Auferstandene wiederholt während eines Mahles; so haben es die Wanderer, die nach Emmaus unterwegs waren, erlebt und später auch andere Jünger (Lukas 24).

Überall auf der Welt, wo ein christlicher Kultus vollzogen wird, gedenken wir des Letzten Abendmahles. Das zentrale Geschehen im christlichen Gottesdienst ist eine Mahlzeit, wobei Brot und Wein für alle Nahrung steht, die wir zu uns nehmen. Doch ist dies eine Mahlzeit, bei der die ernährende Kraft durch unsere vorbereitende Mitarbeit mitbestimmt wird. »Leben von der eigenen Hände Arbeit« bleibt gültig, seit Eva von dem Apfel aß.

Am Ende des letzten Evangeliums, also des Johannes-Evangeliums, wird die letzte Mahlzeit des Auferstandenen mit den Jüngern beschrieben. Diese letzte Mahlzeit ist kein Abendmahl mehr, sondern ein *Morgen*-Mahl; und die Jünger werden eingeladen, daran teilzunehmen. Im Lichte der Auferstehung, die sich beim Sonnenaufgang des *ersten* Tages der Woche ereignet hat, bekommt dieses Frühmahl einen besonderen Glanz. Es ist, als ob hiermit auf die Tatsache hingewiesen wird, daß das jahrhundertealte Abendmahl zu Beginn des Sabbat als dem letzten Tag der Woche nun ergänzt und weitergeführt wird durch ein Morgenmahl – nach durchstandener Nacht, wenn die Sonne aufgeht. Der christliche Gottesdienst betont den ersten Tag der Woche; und dieser wird nicht mehr gefeiert unter dem strengen Gesetz des Ruhetages, sondern aus der sonnenverwandten Kraft eigener Initiative und sinngebenden Handelns. Durch das heilige und zugleich heilsame Mahl kann der Christ sich immer aufs neue mit Christus verbinden.

Im täglichen Leben können wir beim Zubereiten der Mahlzeit etwas durchschimmern lassen von dem einen besonderen Mahl am Altar. Das geschieht durch die Art, wie wir das Brot mit Andacht schneiden, einen Becher Saft einschenken, den Tisch decken, die Nahrung für die warme Mahlzeit zubereiten und – die Tischsitten beachten. Das Kennzeichnende für menschliches Essen ist Zurückhaltung: ein bewußtes Umgehen mit den natürlichen Begierden. Diese Zurückhaltung wird noch durch das Sprechen eines Gebetes oder Spruches vor der Mahlzeit verstärkt.

Es gibt noch etwas, was jede Mahlzeit zu einem besonderen Geschehen macht, ob wir uns dessen bewußt sind oder nicht. Wenn am Ende unseres Lebens unser Leib der Erde anvertraut wird, kommt auch da ein »Verdauungsprozeß« in Gang. Betrachten wir die Erde als einen lebendigen Organismus, erscheint es nicht als unwesentlich, wie wir demnächst unseren Leib mit allem, was er aufgenommen hat und – wie er es aufgenommen hat –, hinterlassen. Wenn wir uns dessen bewußt sind, müßten wir dazu kommen können, sorgfältiger mit der Nahrung umzugehen, andächtiger zu kosten, genauer zu wählen und uns immer wieder zu fragen, was man mit der Nahrung tun darf und was nicht. Und das alles nicht aus egoistischen Motiven heraus, sondern aus einem Verantwortungsgefühl gegenüber dem Planeten, der uns trägt.

Spielen heißt lernen

Psyche

Ich las den Phaidon mit meiner fünften Klasse;
und in dem Text kam das Wort Psyche vor:
ich erklärte den noch kindlichen Zuhörern,
warum Psyche zugleich Seele heißt und Schmetterling.

Während ich nochmals diese Stelle las
war plötzlich ein Rascheln da und eine Spur
von Glanz quer durch den Raum vom Fenster her:
Ein großer Schmetterling saß vor dem Glas.

Es war ein Tagpfauenauge. Und jeder sah
die purpurne Glut, die auf seinen Flügeln lag;
die Augen, in denen das Blau des Äthers brennt.

Zuletzt – er saß ganz ruhig auf der Hand –
brachte ein Junge ihn weg. Unversehrt,
so sagte er, war er entwichen ins Blau.

Ida G. M. Gerhardt

Es wird früh dunkel in den Tropen. So kann es wohl vorkommen, daß ein kleines Mädchen von etwa sieben Jahren auf dem Rücken im Gras liegt und nach den Sternen schaut. Der nächtliche Himmel wölbt sich über ihr wie eine Kuppel. Die Sterne funkeln wie Diamanten auf einem tiefblauen Gewand. Zwar hat sie noch nie Diamanten gesehen, doch hörte sie in Geschichten davon. Je länger sie liegt und schaut, desto stärker wird das Gefühl, hinaufgezogen zu werden. Sie löst sich vom Boden, auf dem sie liegt, nur ein Teil von ihr bleibt zurück, und fliegt geradewegs in den schwindelerregenden Raum hinein.

Doch plötzlich sieht sie eine Sternschnuppe. Unter Milliarden unbeweglicher Lichtpünktchen löst sich plötzlich ein einzelnes, segelt an den anderen Sternen vorbei ein ganzes Stück durch den dunklen Raum und ist danach ebenso plötzlich verschwunden – wie aufgelöst im Nichts. Ein fallender Stern! Das bedeutet, daß man sich etwas wünschen darf. Und das kleine Mädchen wünscht sich eine Puppe mit langen Haaren und mit Armen und Beinen, die sich bewegen lassen.

Viele Jahre später, als das kleine Mädchen zu einer jungen Frau herangewachsen war, dachte sie noch manchmal an diesen Wunsch zurück. Hatte ihre Mutter doch immer erzählt, daß sie eigentlich von Puppen nicht viel hielt! Was war das denn dann für ein merkwürdiger Wunsch gewesen? Oder hatte damals in der dunklen tropischen Nacht wohl eine Begegnung mit ein paar Sternen stattgefunden, die sie erkannt hatten? Manchmal möchte sie das fast glauben, wenn sie jetzt, wo sie selbst Mutter geworden ist, die Augen ihrer Kinder wie Sternenlicht glänzen sieht.

Bei dem Wort *Puppe* wird manch einer an das geliebte Wesen denken, das mehr als nur ein Spielzeug war und mit dem man sich in den Kinderjahren unzertrennlich verbunden fühlte. Unter all den verschiedenen Spielsachen hat ein Kind oft eine einzige Puppe, an der es besonders hängt. Die Schriftstellerin Laura Ingalls Wilder beschreibt einmal, wie sie als Kind ihre einzige Puppe einem anderen Kind hat schenken müssen, weil ihre strenge Mutter es so verlangte. Das andere Kind wußte offenbar den Wert dieses Geschenks nicht richtig zu schätzen und einige Tage später fand sie ihren Liebling wieder – bei Regen, mitten in einer Dreckpfütze. Die Puppe wurde wieder schön hergerichtet und nahm bald ihren alten Ehrenplatz ein. Für Laura war es, als hätte sie ihre Seele wiedergefunden.

Wir kennen in unserer Sprache noch eine andere Bedeutung des Wortes Puppe. Wenn eine Raupe sich vollgefressen hat, verpuppt sie sich. Diese Puppe sieht wie ein großes Samenkorn aus – hart und verdorrt. Wenn die Zeit reif ist, bricht die Puppe auf, und der Schmetterling fliegt fort. Zunächst scheint es, als hätte das alles mit einer Kinderpuppe nichts zu tun, und doch entdecken wir nach einigem Nachdenken etwas Gemeinsames. Die Raupenpuppe hat »Ding«-Charakter, und in gewissem Sinne gilt das auch für die Puppe eines Kindes. Doch so wie sich im Inneren der Raupenpuppe das Leben regt und der Schmetterling darin wächst wie das Keimblatt im Samenkorn – so sieht das Kind in seiner Puppe Leben und Bewegung. Aller Kummer und alle Freude, all die großen und kleinen Eindrücke werden an diesem Menschen in Puppengestalt ausgelebt und geübt. Das kleine Kind muß die Möglichkeit bekommen, sich zu »verpuppen«; dann kann sich eines Tages ein Schmetterling in die Lüfte erheben, wenn die rechte Zeit gekommen ist. Es kommt ein Tag, an dem auch die heißgeliebteste Puppe nicht mehr nötig ist. Dann hat die Seele des Kindes Flügel bekommen, um die Blumen der Welt kennenzulernen.

Unser Jahrhundert wurde einmal das Jahrhundert des Kindes genannt. Das waren in mancher Hinsicht prophetische Worte. Dem Kind wurden bequemere Kleider angezogen; Schriftsteller bemühten sich, Geschichten und Gedichte für Kinder zu schreiben, die entsprechend illustriert wurden; der Anschauungsunterricht hielt seinen Einzug in die Klassenzimmer und die Pädagogik war mehr auf das Kind gerichtet. Als dann das Jahr 1979 zum Jahr des Kindes erklärt wurde, war das wiederum ein Anlaß, über die Frage nachzudenken, inwiefern das nun wirklich ein Jahrhundert des Kindes zu nennen ist. Betrachten wir die Welt rund um uns, haben wir die Neigung, diese Frage verneinend zu beantworten. Die Lebensbedingungen des 20. Jahrhunderts bieten nicht ohne weiteres den nötigen Raum für das spielende Kind. Darum wird dringend an die Erfindungsgabe von Eltern und Erziehern appelliert, um in der jeweils angegebenen Situation noch etwas »Spielraum« zu suchen. Wer jedoch ein Kind liebevoll beobachtet, wird auch das Kind in sich selbst wieder entdecken und dann doch allerlei Möglichkeiten finden, um das spielende Kind zu seinem Recht kommen zu lassen.

Spielen ist für ein Kind so nötig wie das tägliche Brot. Spielen heißt lernen für ein Kind – immer und überall. Wer Kindern beim Spielen zuschaut, sieht, wie hart sie an sich selbst arbeiten, ohne daß sie es wissen. Spielen ist eine Tätigkeit, die mit dem Kind mitwächst und verschiedene Phasen durchläuft. Man kann sagen, daß das Spielen beginnt, wenn das Kind etwa vierzig Tage alt ist. Aus den bisher so ernst blickenden Augen leuchtet dann erstmals ein strahlendes Lächeln; das Kind erwacht für die Welt. Es entdeckt die Hände und merkt nach einiger Zeit, daß sie zu ihm gehören. Mit den Augen verfolgt es die Bewegungen der Fingerchen, es spielt damit, sagen wir. Das ist der Anfang.

Das Kleinkind und – etwas später – das Kindergartenkind lebt stark in der Nachahmung. Wenn wir das wissen, werden wir auch verstehen, daß etwas Nachahmenswertes da sein muß. Der moderne Haushalt ist ganz auf elektrische Apparate eingestellt; wir haben es hier mit dem Endergebnis eines langen Entwicklungswegs zu tun, bei dem man nun nichts mehr erleben kann. Natürlich ist eine Waschmaschine etwas Herrliches! Doch gibt es immer auch etwas, das noch mit der Hand gewaschen werden muß. Man sollte nicht wegen jedem Brotkrümel den Staubsauger hervorholen. Ein Besen oder Handfeger und Kehrichtschaufel machen keinen Lärm und der Handlungsablauf ist vollständig durchschaubar. Freilich kann man überall gemahlenen Kaffee kaufen; doch daran läßt sich nicht sehen, wie der Mahlprozeß verlaufen ist. Alte Kaffeemühlen lassen sich schon noch auftreiben – und eine Packung Kaffeebohnen ist sogar im Supermarkt erhältlich. So wird es doch noch möglich, das Kind erleben zu lassen, wie die harten Bohnen feingemahlen werden. In ihrem Buch »Der strenge Winter« beschreibt Laura Ingalls Wilder auf unvergeßliche Weise, wie sie mit steifgefrorenen Händen die Weizenkörner in der Kaffeemühle zu Mehl vermahlen muß, damit für die hungrige Familie Brot gebacken werden kann.

Jede Mutter klopft doch mal eine Matte aus, näht Kleider, stopft Socken, wäscht ab, macht die Betten, versorgt die Pflanzen und kocht das Essen. Auch wenn die Handwerksberufe so ziemlich überall unsichtbar geworden sind, gibt es doch im Haus noch genug mit der Hand zu tun, was Kinder in ihren Spielen nachahmen können. Das ist ihre Art und Weise, sich mit der Welt vertraut zu machen.

Spielen hat für ein Kind dieselbe Bedeutung wie die Arbeit für einen Erwachsenen – allerdings mit dem großen Unterschied, daß der Erwachsene arbeitet, um Resultate zu buchen und ein Ziel zu erreichen. Der Zweck des Spiels liegt im Spielen selbst. Es geht um den Prozeß der spielenden Betätigung und selten oder nie um das Ergebnis. Ein gesundes Kind spielt, weil es eben spielen will, unbewußt, nur getrieben vom warmen lebendigen Strom seiner Phantasie. Das sind die Kräfte, die es dem Kind ermöglichen, die bestehende Welt andauernd zu verändern. Sie werden so etwa vom dritten Jahr an spürbar. Dann kann das Kind *so tun als ob.* Ein Holzklotz, der Stuhl, ein Lappen, eine Kiste – sie werden, was es darin sieht und was es für sein Spiel gerade benötigt.

Ein kleines Mädchen liegt am Boden und legt bunte Klötze nebeneinander, so daß eine Form entsteht. Sie sieht ihre Mutter kommen und singt: »Du kannst's ja doch nicht raten! Was ist es wohl? Was mach ich da?« Die Mutter macht Vorschläge: »Ein Haus? Ein Tulpenfeld? ein . . .« Da sagt ihre Tochter plötzlich sehr resolut: »Nun werde ich es selbst raten, ja? Es ist eine . . . Mauer! Ja, das ist es, eine Farbenmauer!« Nichts ist festgelegt. Alles kann es werden – was man nur will. Später bekommen die hervorsprudelnden Geschichten mit Hilfe der Verkleidungskiste und des Puppentheaters Form und Gestalt.

Kinder haben auch im übertragenen Sinn Spielraum nötig. Denn Spielen ist natürlich nicht nützlich, und noch ehe wir es merken, haben wir das Kind schon bei seinem Spiel gestört, weil jetzt gegessen werden muß, weil wir einkaufen wollen oder Besuch empfangen. Die Achtung vor den aufgestellten Regeln schließt die Achtung vor dem Spiel nicht aus. Es verlangt von uns nur allerhand Beweglichkeit. Spielen heißt: beweglich umgehen mit der Welt, und *das* ist es, was wir von unseren Kindern lernen können.

Im Garten steht eine Rumpelkammer auf Pfählen. Da liegen alte Kisten, aufgerollte Reste eines Gartenzauns und ausgediente Spielsachen für den Sandkasten. Unter dem Boden des Kämmerchens ist ein Platz für Holzklötze. Im Herbst wehen die Blätter da hinein. Spinnen weben ihre Netze und einmal baute auch eine Amsel dort ihr Nest.

Das Ganze hat angefangen als ein Klettergerüst: ein paar Holzbretter auf Pfählen, ringsherum ein Geländer, vorn führte eine Hühnerleiter da hinauf und seitlich noch eine kleine Leiter. Unter dem Bretterboden gab es auch noch Platz zum Spielen, der war zwischen den Pfählen einfach offen, nur neben der Hühnerleiter gab es ein Türchen aus halben Rundbalken, gerade groß genug für ein Kind. Auf dem hölzernen Boden bauten die Kinder Hütten mit Brettern und Tüchern und mit viel Eifer wurde da gekraxelt und geklettert. Auch in der kleinen Höhle unter dem Bretterboden wurde gewohnt und mit allerlei Töpfen und Pfannen gebacken und gebraten.

Nach einigen Jahren entstand der Plan, auf der Plattform ein Häuschen zu bauen – und so geschah es. Innen gab es einen kleinen Tisch und zwei Wandbänke. Auch ein Brett für die Töpfe fehlte nicht. In den Bretterwänden wurden zwei Fenster und eine Tür ausgespart. Die Fenster hatten keine Läden und die Türe war einfach ein Loch. So war das Häuschen nach drei Seiten hin offen, nur die Rückseite war ganz zu; denn da flog die Schaukel vorbei.

Es war ein hübsches Häuschen, und doch ... sobald es einmal fertig war, wurde gar nicht mehr so oft dort gespielt. Und wenn es doch einmal geschah, schleppten die Kinder Tücher und Bretter mit, um es »herzurichten« – oder sie bauten eine Extrahütte neben dem Häuschen. Später, als sie größer wurden, benutzten sie das Häuschen als Kletterfelsen, warfen ein Seil über das Dach und zogen sich hinauf wie ein Alpinist an einer Bergwand.

Nun ist das Treppchen beinah verfallen und der Dachfirst läßt Regen durch. Bald wird hier kein Häuschen mehr sein, doch dann gibt es wieder Platz genug, wo Kinder ihre Luftschlösser bauen können.

Ein voller Rucksack

»Lebewohl«, sagte der Fuchs.
»Dies ist mein Geheimnis, es ist sehr einfach:
Man sieht nur mit dem Herzen gut.
Das Wesentliche ist für die Augen unsichtbar.«

Antoine de Saint-Exupéry

Es war im Jahr 1941; der Krieg mit Japan war ausgebrochen. Die amerikanische Flotte bei Pearl Harbour war bombardiert worden und die Großmächte zogen gegeneinander ins Feld. Doch von all dem wußte das kleine Mädchen nichts, das geduldig neben der ratternden Nähmaschine stand und wartete. War das nicht Zauberei? Erst hatte eine große Schere den langen orangenen Vorhang kaputtgeschnitten, und als sie nach einiger Zeit wieder kam und guckte, lagen da drei hübsche kleine Rucksäckchen mit festen breiten Gurten für sie, ihren jüngeren Bruder und ihr kleines Schwesterchen.

Sie durften Spielsachen da hineintun: ein Buch, ein paar Murmeln, eine Stoffpuppe. Mutter steckte auch noch ein paar Kleidungsstücke dazu und eine Zahnbürste. Denn sie mußten weg aus diesem Haus, ganz schnell, und niemand wußte wohin und für wie lange. Und so zog eine Mutter mit drei kleinen Kindern einer unbekannten Zukunft entgegen, einer Zukunft, aus der dann drei Jahre Konzentrationslager wurden. Und unter diesen außergewöhnlichen Umständen zeigte sich, daß in jedem der Rucksäckchen ein Schatz verborgen lag, von dem vorher niemand etwas geahnt hatte. All die gewöhnlichen Dinge bekamen in Zeiten der Not den goldenen Glanz des Unentbehrlichen.

Wer aus Angst vor Starrheit oder vermeintlicher Indoktrination seinen Kindern nichts mitgibt an Sprüchen oder Gebeten, an guten Geschichten oder an Erlebnissen beim Feiern von Jahreszeitenfesten, erliegt einer Täuschung. Wenn ein Kind eine Reise macht, füllt man seinen Rucksack mit Proviant. Was es damit tut, wird die Zeit schon lehren. Es ist immer besser, den Kindern *etwas* mitzugeben als gar nichts – aus Furcht, sie dadurch festzulegen. Man kann es mit den Gegebenheiten beim Musikunterricht vergleichen: man gibt einem Kind ein Instrument in die Hand und läßt es unterrichten. Natürlich hofft man, daß daraus »etwas wird«. Doch ob etwas daraus wird und wie es sich dann entwickelt – das wird sich später schon zeigen. Es ist auch eine Frage des Vertrauens, denn das hat man dann doch nicht mehr in der Hand. Schließlich ist ein Kind ja kein leeres Faß, in das man alles hineingießen kann, was man nur will, bis es eben voll ist. Da drinnen geschieht etwas mit allem Aufgenommenen. Und oft kommt etwas ganz anderes heraus, als man hineingegeben hat. Ein Kind lernt schon früh ein Instrument spielen, damit es später wählen kann, ob es selbst weitermachen will oder nicht. Mit Musik umgehen und in rechter Art danach lauschen erfordert langdauernde Übung. Das gilt auch für das religiöse Leben.

Eins der allerwichtigsten Dinge, die wir mitgeben müssen im Rucksack fürs Leben, – sind die Märchen, die guten alten Volksmärchen mit ihrem großartigen Bilderreichtum. Wir können den Gebrüdern Grimm und anderen Sammlern nicht dankbar genug sein, daß sie gerade noch rechtzeitig den kostbaren Schatz zusammengetragen haben, indem sie niederschrieben, was sie von den Erzählern vernahmen. Märchen sind eine große Hilfe, wenn man danach strebt, den Kindern den Zugang zur geistigen Welt offen zu halten, damit sie ihn später wieder finden können. Die Kinder entwickeln an den Märchen Gefühlserfahrungen, erüben Seelenqualitäten.

Aus den vielen Motiven, die in Märchen vorkommen, greife ich hier zwei heraus. Das eine ist der *Mut*: ein Jüngling zieht fort in die weite Welt, verirrt sich in einem dunklen Wald, kämpft mit Riesen und Ungeheuern, die ihn oder die Prinzessin belagern, und lernt seine Angst überwinden. Das zweite ist das *Mitleid:* ein Mädchen wird durch eine böse Stiefmutter fortgeschickt, leidet unter Hunger und Kälte, lernt, sich in allerlei Situationen zurechtzufinden, und weiß durch Mitleid die Welt zu gewinnen. Mut braucht man nicht nur, um Hindernisse zu überwinden und sein Ziel zu erreichen; in der heutigen Zeit ist ein anderer Mut vielleicht noch viel wichtiger: der Mut, Veränderungen zu wagen, mit neuen Situationen umzugehen, und der Mut, das Undenkbare zu denken. Mitleid bedeutet: aus freiem Willen mit-leben mit dem Leid eines anderen. Es verändert den Blick, man beginnt, »mit dem Herzen zu sehen«, und nimmt dann wahr, was nötig ist, um zu helfen.

Ursprünglich waren Märchen Erzählstoff für Erwachsene und nicht für Kinder. Das ist in östlichen Ländern immer noch so. Die alten Märchen, von denen niemand weiß, wer sie geschrieben hat, und deren Motive man in allen Kulturen wiederfindet, gehören zum Geistesgut der Menschheit. In uralten Zeiten haben Seher, die in die Geheimnisse der übersinnlichen Welt eingeweiht waren, die Bilder aufgefangen und in Worte gebracht. Die Seher waren blind und konnten die äußere Welt nicht sehen, so wird es auch von Homer gesagt. Die Märchenbilder wurden durch fahrende Sänger oder Barden verbreitet, die auf diese Weise die Menschen immer wieder an die unsichtbaren Kräfte erinnerten, die in ihnen selbst und in der Welt rings um sie herum wirken.

Der spirituelle Reichtum der Märchen, die heutzutage allerdings fast nur für Kinder erzählt werden, kommt aber nur dann richtig zur Wirkung, wenn der Erzähler ganz von der Größe und Wahrheit der Geschichte durchdrungen ist. Wenn wir einfach nur so ein Geschichtchen erzählen, um die Kinder zu beschäftigen, dann wirkt es nicht, dann tun wir dem Märchen und den Kindern Unrecht. Wir müssen die Bereitschaft haben, uns in die Hintergründe zu vertiefen, darüber nachzudenken und mit den Bildern und Handlungen der Geschichte mitzuleben. Darum ist es auch so wichtig, daß erzählt und nicht vorgelesen wird. Wenn man ein Märchen auswendig lernt, achtet man viel besser auf den genauen Wortlaut, und daß die meisten Märchen wörtlich erzählt werden müssen, so wie sie aufgezeichnet sind, erfährt man beim Sprechen unmittelbar. Die in ihnen verborgene Weisheit beginnen wir erst zu entdecken, wenn wir die Märchenbilder von »innen« betrachten lernen. Es ist genau wie mit den farbigen Fenstern einer gothischen Kathedrale; von außen wirken sie grau und ohne eine besondere Gliederung. Sobald wir aber die Kirche betreten, leuchten uns die flammenden Farben entgegen und die Formen werden durch das Licht sichtbar. So ist es auch mit dem Märchen, wenn wir es ernst nehmen und alles Karikaturhafte zu vermeiden suchen. Das heißt natürlich nicht, daß wir nicht ab und zu von Herzen lachen dürfen. Märchen sind voll Humor, der aber oft gewissermaßen zwischen den Worten versteckt ist. Doch die Art und Weise wie wir erzählen, kann den Humor »erlösen« und die Kinder zum Lachen bringen. Denn Lachen ist gesund. Und gesunder Humor ist »geistreich«.

Es gibt noch einen weiteren Grund, der dafür spricht, in den ersten Jahren, wenn die Kinder noch klein sind, so oft wie möglich nur zu erzählen – ohne Buch und Abbildungen. Denn Worte, die aufmerksam und konzentriert ausgesprochen werden, haben die Macht, innere Bilder aufzurufen, Bilder, die leben, die beweglich sind und nicht festgelegt. Die Abbildung in einem Buch ist immer das unbeweglich gewordene Endprodukt eines solchen inneren Bildes – so schön es auch gemalt sein mag. Das Kind muß erst Gelegenheit bekommen, selbst starke innere Bilder in sich zu erschaffen. Es hört von einem König erzählen, von einer Prinzessin, einem Fuchs, einer Hexe oder von einem Mädchen mit einem roten Käppchen. Einem König können wir nicht mehr begegnen in der heutigen Zeit; wir sehen nur noch das allgemein Menschliche oder gar Allzumenschliche, das überall im Vordergrund steht. Doch können wir empfinden, daß ein Kind weiß, was ein König ist, wenn wir das Bild in ihm aufrufen durch die Art und Weise, wie wir das Wort König aussprechen und ihn in seiner Funktion beschreiben: Herrscher sein über ein ganzes Reich.

Wenn wir uns einen König vorstellen, denken wir an frühere Jahrhunderte, als es noch echte Könige gab. Nur wenige Menschen lebten in ihrer unmittelbaren Nähe; das gewöhnliche Volk sah den König nur von ferne. Dieser Abstand war wichtig; denn es ging nicht um den sterblichen Menschen, sondern um die un-sterbliche Funktion, die in Zepter und Reichsapfel ihren Ausdruck fand, in Schwert und Königsmantel und schließlich in der Krone. Noch viel früher wurde ein Mensch um seiner moralischen Qualitäten willen zum König erwählt. Als das Königtum dann erblich wurde, entstand oft die Karikatur eines Königs, denn Moralität ist nicht erblich. Wenn es jedoch stimmt, daß in einem heranwachsenden Kind die Entwicklung der Menschheit immer wieder Gestalt verliehen bekommt, dann ist es auch vorstellbar, daß jeder Mensch von Kind an das Bild des »Königs« in sich trägt. Das äußere Königtum geht zu Ende. In der Zukunft soll es so werden, daß jeder Mensch König werden kann, ein Herrscher über das Reich, das Ichselbst heißt. Doch für diejenigen, die an sich selbst arbeiten, hat diese Zukunft schon begonnen.

An einem brütendheißen Tag geschah es einmal, daß in einer Familie die Mutter durch eine ungeschickte Bemerkung einen wütenden Wortwechsel entfachte. Der kleine fünfjährige Sohn spielte in einer Ecke des Zimmers, doch entging ihm nichts. Er wurde prompt krank und mußte sich übergeben, bis er nicht mehr konnte. Ein paar Tage später, als er sich wieder etwas erholt hatte, sprachen sie nochmals über den Vorfall, die Mutter und ihr kleiner Sohn. »Weißt du, Pappa war so böse, weil ich wieder krank geworden war.« Das Kind kam mit einer wohltuenden Ergänzung: »Das war ja gerade so wie in der Geschichte von den sieben Raben! Da war der Vater auch unruhig und besorgt, daß das neugeborene Mädchen sterben könnte. Und dann wurde er auch böse und wünschte, daß seine Söhne in Raben verwandelt werden.«

Der kleine Junge hatte das Bild erkannt und dadurch war das Problem beherrschbar geworden. Auch wenn sein Rucksack noch nicht bis zum Rand gefüllt war, konnte die Mutter doch eben den wachsenden Schatz darin aufglänzen sehen.

Das Geheimnis der Nacht

Dies eine wissen wir und an dies eine
halten wir uns in düsteren Stunden:
Es gibt ein Wort, das wird ewig sein,
und wer es versteht, ist nicht mehr allein.

Henriette Roland Holst-van der Schalk

Heute haben wir im Garten unser neues Zelt aufgestellt, um zu sehen, ob nichts daran fehlt und ob es auch wirklich so schön da steht wie im Ausstellungsraum. Die Kinder wollen sogleich ausprobieren, ob man auch gut darin schläft. Da soll dann einer nach dem anderen an die Reihe kommen. Nun ist der erste soeben mit Schlafsack und Pyjama eingezogen, um seine primitive Schlafstätte im Garten einzurichten. Mit seinen fast neun Jahren hat unser Sohn darauf bestanden, diese Nacht allein dort zu verbringen. Der Hausschlüssel wird mitgenommen, das Außenlicht bleibt an. Ich sitze und schreibe an unserem großen Tisch in der Küche. Und ich warte. Wird er die Konfrontation mit der Nacht bestehen können?

Es bleibt sehr lange hell. Bald haben wir den längsten Tag des Jahres erreicht. Aber dann kommen die Schatten doch allmählich bis ans Zelt heran; die Dämmerung geht über in die Nacht, und es wird nun wirklich vollkommen dunkel. Wer das noch nie getan hat – allein schlafen, mitten in der Natur – kann nicht wissen, was einem da widerfährt. Der eine ist dafür natürlich empfänglicher als der andere. Doch wenn das Licht des Tages erloschen und der Lärm verklungen ist, kommt eine erhabene Stille über uns. Und weil wir so sehr daran gewöhnt sind, uns mit Hilfe unserer Augen zu orientieren, fühlen wir uns sofort unsicher, wenn wir nichts mehr sehen. Außerdem hat man den Eindruck, als ob im Dunkeln alles anders sei – selbst im vertrauten Garten. Ein Kind wird das viel stärker erleben als ein Erwachsener, der sich mit Hilfe seines Verstandes zur Ruhe bringen kann.

Nachts mitten in der Natur, wo die Säfte strömen, wo alles wächst und blüht, wo die Wurzeln tiefer eindringen in den Erdboden, wo überall mächtige Wachstumskräfte am Werk sind, von denen wir tagsüber nur einen Bruchteil wahrnehmen können – mitten in diesem Urgeschehen liegt man dann als wehrloses Menschenkind, nur durch ein dünnes Zelttuch geschützt, und es ist, als ob die unsichtbaren Kräfte ein Zwiegespräch hielten mit den Kräften, die in unserem eigenen Leib wirken. Man wird konfrontiert mit den Lebenskräften in der Schöpfung, mit dem Vatergrund allen Seins. Und diese Konfrontation erfordert Mut.

Um halb zwölf Uhr räume ich meine Arbeit weg. Gerade will ich das Licht löschen – da steht auf einmal der Junge im Zimmer. »Ich hab' den Mut nicht mehr«, so konstatiert er schlicht. Ich lasse ihn seinen Schlafsack holen und das Zelt gut verschließen. Danach kriecht er mit innigem Behagen in sein eigenes Bett in dem steinernen Haus mit dem großen, festen, schützenden Dach.

Wie gehen wir um mit der Nacht? Wir Erwachsenen verschlafen rund ein Drittel des Tages. Das ist ziemlich viel und kann uns vor die Frage stellen, warum die Nacht eigentlich einen so wichtigen Platz in unserem Leben einnimmt. Erika Dühnfort erzählt in der »Geschichte von der Sonne, den vier Engeln und dem goldenen Himmelsband« wie Engel die Aufgabe bekommen, die vier Himmelsrichtungen und zugleich auch die vier Tageszeiten zu behüten. Zu dem Engel des Nordens und der Nacht wird gesagt: »Mache du Dunkelheit und Kühle der Erde zum Geschenk. Sende ihr und allem, was auf ihr lebt, die Wohltat erquickenden Schlafes und guter Träume. Was von Licht und langem Wachen ermüdet und matt ist, werde durch dich von neuem gestärkt und erfrischt.«

Das ist das erste, was wir von der Nacht wahrnehmen: so wie es schon beim Wickelkind war, ist es beim Erwachsenen immer noch. Im Schlaf wirken aufbauende Kräfte, die wir sehr nötig haben. Durch Schlafmangel können wir krank werden. Die Tatsache, daß wir ermüdet einschlafen und erquickt wieder erwachen, können wir als Beweis dafür nehmen, daß an uns gearbeitet wird. Wir merken, wie nötig und sinnvoll der Schlaf ist.

Auch auf anderem Gebiet, da, wo es um Beschlüsse und Pläne geht, können wir mit der Nacht gewisse Erfahrungen machen. Da gibt es vielleicht ein bestimmtes, unlösbar scheinendes Problem, mit dem wir ringen, und wenn wir uns sagen: darüber muß ich noch eine Nacht schlafen, dann kann es geschehen, daß wir am anderen Morgen beim Aufwachen die Lösung der Frage deutlich vor uns haben. Wir sind beglückt darüber, greifen es auf und beginnen mit der Ausführung. Selten nur verweilen wir mit unseren Gedanken bei diesem Geschenk der

Nacht. Und wir fragen nicht danach, wer oder was uns die Lösung eingegeben hat. Haben wir jedoch mit Kindern zu tun, werden wir uns die Frage stellen müssen: wem oder was begegnen wir in der Nacht?

Das Märchen »Die Goldkinder« aus der Sammlung der Gebrüder Grimm erzählt von zwei Brüdern, die am gleichen Tag geboren sind. Der eine zieht in die Welt hinaus und erlebt allerlei Abenteuer, der andere aber bleibt »im Haus des Vaters«. Es ist der »himmlische« Zwillingsbruder, dem wir jede Nacht begegnen, unser höheres Ich, das die großen Linien unseres selbstgewählten Lebenswegs übersieht, und das uns immer wieder an das eigentliche Ziel unserer Reise erinnert. Je besser es uns gelingt, vor dem Einschlafen die Eindrücke und Seelenregungen des zurückliegenden Tages hinter uns zu lassen und unsere Gedanken auf etwas Wesentliches zu richten, desto intensiver kann diese Begegnung sein. Das klingt streng, doch hat die geistige Welt nun einmal ihre eigenen Gesetzmäßigkeiten. In vielen Märchen finden wir etwas von dieser geistigen Wahrheit in deutlicher Bildsprache wiedergegeben.

Ein dritter Bereich, in dem wir der Nacht begegnen, ist der Jahreslauf. Auch da erleben wir einen Wechsel von Licht und Dunkelheit. Den Winter nennt man auch die Nacht des Jahres. Doch merkwürdigerweise feiern wir gerade in dieser dunklen Zeit, in der die Sonne am wenigsten sichtbar wird, das größte Lichterfest des Jahres. Im tiefsten Dunkel beginnt die Sonne wieder zu steigen, auch wenn wir zunächst nichts davon merken. Wir sprechen einander Mut zu, indem wir uns dies ins Bewußtsein rufen. So beginnt direkt nach Mitternacht der neue Tag zu dämmern.

In der Jahresmitte haben wir den längsten Tag. Doch gleich darauf überschreitet die Sonne ihren höchsten Punkt und beginnt schon wieder zu sinken. Der Gedanke ist doch etwas ungewohnt, daß während der Sommermonate die absteigende Linie bereits begonnen und die Nacht des Jahres schon eingesetzt hat. Wir genießen den Sommer noch in vollen Zügen und versuchen das Licht festzuhalten, indem wir eine »Sommerzeit« einrichten, und doch werden die Tage kürzer. Ende Oktober geht es dann so schnell, daß wir, wenn auch widerstrebend, hinnehmen müssen, daß die Nacht des Jahres angebrochen ist.

Besonders aber im Hinblick auf das eigene Leben fällt es oft schwer, die absteigende Linie anzunehmen. In der heutigen Zeit sind allerlei Erscheinungen wahrzunehmen, die darauf hinweisen, daß die Menschheit neue Wege finden muß, um sich in rechter Weise der »Nachtseite« des Lebens stellen zu können.

Wenn nach der Lebensmitte die »Sonne« zu sinken beginnt, kann man sich noch sehr lange erfolgreich darüber hinwegtäuschen. Sobald wir jedoch lernen, alles was im Leben »Nacht« bedeutet – Krankheit, Alter, Gebrechen und Gebrechlichkeit – anzunehmen, dann kann es für uns, mitten in dieser Dunkelheit, hell werden, indem wir sehen lernen, was das Nächtliche uns zum Geschenk machen kann. In der Dunkelheit ist das Äußere der Dinge nicht mehr so wichtig, sondern das Innere, das mit dem eigentlich Wesentlichen – auch von uns selbst – zu tun hat, beginnt zu sprechen. Dann kann mit uns etwas geschehen wie in dem Märchen, in dem der Junge ein Goldstück unter seinem Kopfkissen fand, als er morgens erwachte. Wenn wir in Gedanken die Nacht in unser Leben aufnehmen, finden wir beim Wieder-Aufstehen unter unserem Kopfkissen etwas von dem Gold als ein Geschenk der Nacht.

Vor vielen Jahren besuchte ich einmal ein junges Ehepaar, das, wie man früher sagte, ein »unglückliches« Kind hatte. Das Kind lag im Ställchen. Es lag nur einfach da und konnte offenbar nichts anderes. Ich war damals in einem Alter, in dem ich mir in einer solchen Situation absolut noch keinen Rat wußte. Ich war innerlich noch nicht stark genug, um alles ruhig zu beobachten, um den Mut zu haben, wirklich hin zu sehen und das Kind gut in mich aufzunehmen. Ich wußte intuitiv, daß ich hier mit einem Stückchen Nacht konfrontiert wurde, wie es jedem Menschen im Lauf seines Lebens begegnen kann.

Einige Jahre später bereute ich, damals nicht besser hingeschaut zu haben; »zufällig« hatte ich die winzige Todesanzeige in der Zeitung gesehen. Das Datum seiner Geburt und seines Todes war genau gleich. Es war an seinem dritten Geburtstag gestorben. Ich bin den Eltern nie mehr begegnet, doch hörte ich durch andere, daß dieses schwer behinderte Kind Freude und einen Geist der Verträglichkeit in die Familie gebracht hatte.

Gevatter Tod

Alles Schöne, das die Erde kann geben,
erscheint als ein Weg, der zu dir führt,
und erst dann ist Leben Leben,
wenn es bis zum Tode rührt.

Pieter Cornelis Boutens

Kleine Kinder können dem Tod gegenüber eine eigenartig nüchterne Haltung einnehmen. In einem Augenblick, in dem man am wenigsten darauf gefaßt ist, erkundigen sie sich ganz sachlich: Wie ist das eigentlich, wenn du stirbst, bist du dann sehr krank? Man versucht, eine ebenso sachliche Antwort darauf zu geben, doch erst, wenn das Kind aus dem Zimmer ist, kommt einem die Größe dieser Frage so recht zum Bewußtsein. Nicht der Tod selbst, sondern der Verlust ist es, der einem Kind Kummer bereitet. Denn irgendwie weiß ein Kind, daß der Tod zum Leben gehört wie die Ebbe zur Flut.

In dem Märchen »Gevatter Tod« aus der Sammlung der Gebrüder Grimm wird uns der Lebenslauf eines Menschen beispielhaft erzählt. Seitdem Adam und Eva aus dem Paradies vertrieben wurden, bekommt ja jeder Mensch als seinen Begleiter den Tod mit auf den Lebensweg. In der Welt, aus der wir kommen, gibt es den Tod nicht; auf Erden lernen wir den Tod in all seinen verschiedenen Formen kennen. Das Sterben eines uns bekannten

Menschen bringt uns zum Bewußtsein, was dieser Mensch für uns bedeutet hat. Wir werden uns an allerlei gemeinsame Erlebnisse und frohe Augenblicke erinnern, doch auch daran, daß wir uns durch unfreundliche Gedanken und verletzende Worte an ihm schuldig gemacht haben. Der Tod läßt uns etwas von dem wahren Wesen eines anderen Menschen erkennen – doch auch von uns selbst. Und ist es nicht gerade dies, was jeder Mensch auf Erden sucht? Doch können wir die Wahrheit über uns selbst nur in einem Leben finden, bei dem der Tod Pate steht.

»Gevatter Tod« stellt uns vor Augen, daß uns der Tod in kritischen Augenblicken, das heißt, in Augenblicken, die uns vor eine Entscheidung stellen, erscheint. Doch sind wir nicht immer in der Lage, ihn zu erkennen. Die Weisheit der Sprache kann uns da weiter helfen. Es kommt vor, daß wir uns in einer bestimmten Lebensphase so festgefahren haben, daß wir aus einem sehr beklemmenden Gefühl heraus sagen müssen: Ich bin auf dem toten Punkt –, oder: ich bin auf dem toten Geleise, in einer Sackgasse also, in der es nicht weiter geht. Sind wir jedoch durch dieses Nadelöhr hindurchgekommen, tun sich oft allerlei neue Möglichkeiten auf, die wir vorher nicht gesehen hatten. Jeder »tote Punkt« ist zugleich der Ort einer möglichen Neugeburt.

Betrachtet man die Entwicklung eines Kindes unter diesem Gesichtspunkt, wird sie noch faszinierender. Nach jeder Siebenjahresperiode wird etwas abgeschlossen, etwas »stirbt« da, doch gleichzeitig wird auch etwas Neues geboren. In dem genannten Märchen wird die Beziehung zur »Geburt« auch verdeutlicht: das Kind, das bei seiner Geburt den Tod als Gevatter bekam, empfängt nun mit vierzehn Jahren sein Patengeschenk, das sich als ein ganz besonderes Geschenk erweist: es ist die Fähigkeit zum Heilen, jedoch unter strikten Bedingungen. Wer nämlich Einblick in die Gesetze von Leben und Tod erhält, darf nicht gegen sie sündigen, denn sonst kehren sie sich gegen ihn selbst. Erleben wir, die wir durch die Art und Weise, wie wir mit unserem Planeten umgehen, Gefahr laufen, das Leben auf unserer Erde unmöglich zu machen, dies nicht täglich? Und erhält nicht jeder Mensch bei seiner Geburt auch die Gabe, zu heilen und gesundend zu wirken, statt nur zu vernichten?

Es gibt Menschen, die schon allein durch ihre Anwesenheit auf ihre Umgebung gesundend wirken. Wir möchten jedem Kind wünschen, daß es solch ein Mensch werden möge. So jemand strahlt Harmonie aus. Man hat das Gefühl, daß bei einem solchen Menschen alles im Gleichgewicht ist. Auch wenn der Leib schon alt und gebrechlich ist, kann uns doch eine innere Gesundheit entgegenleuchten. Von einem solchen Menschen geht Sonnenkraft und Wärme aus. Ein Kind, das gesund aufwächst, bekommt für sein ganzes Leben ein gewisses Polster, das ihm hilft, manchen Stoß zu ertragen. Was es auch später von dem noch durchmachen muß, was in seinem Schicksal beschlossen ist – es wird innerlich daran wachsen und seine Lebensweisheit vertiefen können.

In der Zeit um die Konfirmation herum, so etwa im vierzehnten Lebensjahr, ist von der selbstverständlichen Religiosität des Kindes nicht mehr viel übrig. Die Kinder, die sich nun langsam aus dem Kind-Sein lösen, stellen ihre Eltern und Betreuer hart auf die Probe. Sie durchschauen den Erwachsenen vollkommen, und es ist, als wollten sie sagen: Zeig' doch mal, ob du auch bist, was du sagst! Ihnen fehlt noch die Lebensweisheit, um das Streben nach einem Ziel anerkennen zu können und den Menschen als einen zu sehen, der »unterwegs« ist. Oft nehmen sie nur eine Karikatur wahr, ein Bild im Zerrspiegel, und dann urteilen sie auch schon – scharf und schnell. In Wortgefechten untereinander und mit uns kreuzen sie die Klingen; sie machen viel kaputt und wechseln ihre Meinung ebensooft wie ihre Kleider. Was sie aber suchen, ist das höchste Gut: die Wahrheit. »Was ist Wahrheit?« Es war Pilatus, der einst diese Frage stellte, als er der lebendig gewordenen Wahrheit selbst gegenüberstand.

Nicht allein aus Gründen der Selbstverteidigung ziehen wir Erwachsenen uns etwas zurück und schützen die religiösen Werte vor einem allzu direkten Angriff. Die jungen Menschen selbst wenden nun ihr Interesse vor allem der Erde zu und kümmern sich weniger um den »Himmel«. Jetzt wollen sie wissen, was die Welt zu bieten hat. Und so muß es auch sein. Denn sie wissen noch nicht, daß der Weg ja noch weiter führt und jeder Mensch die Aufgabe hat, das Irdische so gut kennenzulernen, daß er das Himmlische aufs neue darin zu erkennen vermag. Darum sollten wir als Eltern Zurückhaltung üben: nicht auf dem Abendgebet bestehen, wenn die Kinder andeuten, daß sie es nicht mehr in altgewohnter Weise sprechen wollen; auch sollte man allergische Reaktionen auf Bibeltexte und »fromme« Geschichten respektieren und auch allerlei lieb gewordene Gewohnheiten im Zusammenhang mit den Jahreszeitenfesten ruhig fallenlassen oder zumindest einschränken. Es ist ganz gut, wenn sie nun am eigenen Leib auf dem Gebiet, auf dem sie in den vergangenen Jahren so viel empfangen haben, »Kahlheit« erleben.

Um das vierzehnte Lebensjahr herum verändert sich die Beziehung des Kindes zum Tod. Konnte im ersten Teil dieses Kapitels gesagt werden, daß eigentlich nur der Verlust eines geliebten Menschen, nicht aber der Tod selbst im Seelenleben eines kleinen Kindes eine Rolle spielt, so wird das nun anders. Todesangst, Todessehnsucht, Sich-Berührt-Fühlen von den Schatten des Todes, ganz andere Fragen bezüglich des Todes, als ein Kind sie spontan äußert, beschäftigen nun den Jugendlichen. Was wir hier im kleinen im Leben eines einzelnen Menschen beobachten können, finden wir im großen in der Menschheitsgeschichte, wenn wir z. B. das ausgehende Mittelalter betrachten (14. und 15. Jahrhundert), in dem das Thema des Todes allgegenwärtig zu sein scheint. Da wurde in nicht zu überbietender Realistik auf Grabsteinen dargestellt, wie der Leib des Menschen den Todesprozessen anheimfällt: ein zerfallender Leichnam mit allem, was dazu gehört – Kröten, Maden, Würmer, alles in Stein gehauen. Durch die vielen Totentanzdarstellungen in Form von Stichen, Holzschnitten und Reliefs wissen wir, wie stark der Mensch damals in dem Bewußtsein lebte, daß jeder Augenblick auch sein letzter sein könnte: klappernde Skelette folgen dem Menschen auf seinem Lebensweg und fallen über ihn her. Der Mensch war zutiefst von dem Bewußtsein durchdrungen, daß Sterben zum Leben gehört, aber auch davon, daß der Tod für jeden gleich ist. Dieses Letztere ist auch das wesentlichste Argument dafür, daß der Vater in unserem Märchen für sein Kind den Tod zum Paten wählt. Wer stirbt, stirbt in der größten Armut, ob er nun König ist oder Bettler, Bischof oder Knecht. Er muß sich von allem trennen, was ihm lieb und vertraut war: Bücher, Schmuck, Freunde und Familienangehörige, Essen und Trinken und schließlich auch von dem Leib, der ihm ungeachtet aller Mühsal doch so lieb gewesen ist. Alles, was nicht über die Schwelle mitgenommen werden kann, muß zurückbleiben.

Der Tod macht alles durchsichtig und klar. So sieht man im Winter nur das Skelett der Bäume, doch ihre eigentliche Gestalt tritt um so deutlicher hervor. Manchmal, wenn wir am Bett eines Sterbenden stehen und sehen, wie dieser Mann oder diese Frau der kahlen Strengheit des Todes entgegen geht, kann es geschehen, daß wir auf einmal etwas von dem wahren Wesen dieses Menschen aufleuchten sehen, daß wir ihn erkennen in dem, wie er in seinem Leben gewesen ist, überglänzt von der Wahrheit selbst. Eine Begegnung mit dem Tod ist auch eine Begegnung mit der Wahrheit.

Das Sterben kommt nicht erst am Ende des Lebens, das wissen alle, und ganz sicherlich diejenigen, die es ernst meinen mit dem Christ-Werden. Von Anfang an hat sich das Wesen des Christentums ausgesprochen in den Worten der Märtyrer: in Christus sterben wir. Man könnte auch sagen: Das Christentum ist die Kunst des Sterbens. Wir müssen das Sterben während des ganzen Lebens üben, um uns mit dem Tod vertraut zu machen und so auch mit Verzicht und Kahlheit.

In keinem anderen Lebensalter fühlt der Mensch so intensiv wie gerade der etwa Vierzehnjährige die tiefe Bedeutung des Todes. In diesem Lebensalter zeigt sich oft auf allerlei Gebieten ein Bedürfnis nach Kargheit, eine Neigung zum Absterben, was manchmal ins Extreme geht und die Grenzen des Zulässigen überschreitet. Da bekannte ein Mädchen mit hochrotem Kopf, daß sie es gegen die ganze Klasse durchgehalten hat, nicht zu rauchen und nicht zu trinken – aus freiem Willen heraus. Jedesmal eine solche Konfrontation aushalten heißt auch, jedesmal ein wenig sterben. Woher holen sie eigentlich diese Kraft? Wer hält sie am Rande des Abgrunds im Gleichgewicht? Es muß wohl derjenige sein, der bei der Konfirmation der »Tröster« genannt wird in all dem Leid, das uns im Erdenleben widerfährt. Wer ihm jedoch begegnet – sei es in Gedanken oder im Traum– hält das in sich verborgen, bis es viel später vielleicht einmal ausgesprochen werden kann.

Das Kämmerchen war nur sechs Schritte lang und drei Schritte breit. Es stand ein Bett darin, ein Stuhl, ein Arbeitstisch und ein Schrank. Mehr hatte das junge Mädchen nicht nötig, um sich – wie eine Nonne in ihrer Klosterzelle – glücklich zu fühlen. Außerdem war da noch ein Fenster. Das war ihr »Lug-ins-Land«. Durch dieses Fenster sah sie die Welt: den Sportplatz gegenüber, durch Dünen begrenzt, darüber der weite Himmel mit den kreischenden Möwen, dahinter das Meer, unsichtbar und doch immer gegenwärtig durch den Salzgeruch, den Sandstaub und den allzeit wehenden Wind. Abends sah sie die langen Lichtgarben des Leuchtturms am Fenster wie eine aufblitzende Sense beim Mähen vorbeistreichen, kurz–lang–kurz, in strenger Regelmäßigkeit, die ganze Nacht hindurch. Sie hatte sich daran gewöhnt wie an das Licht der Straßenlaterne vor dem Haus.

Eines Abends hatte sich das Fensterglas beschlagen. Das geschah freilich öfters, vor allem, wenn es draußen kälter wurde. Sie ließ den Vorhang noch offen und begann träumerisch auf der beschlagenen Scheibe zu zeichnen. Sie sah, daß ein Kreuz daraus wurde mit einer Gestalt daran, die Arme waren ausgestreckt an dem breiten Querbalken. Etwas verwundert schaute sie das an und wollte den Vorhang zuziehen. Da sah sie es plötzlich: ein leuchtendes Kreuz mit einer strahlenden Gestalt in der Mitte, gerade neben dem Glas seitlich des Fensterrahmens. Sie erschrak und fühlte ihr Herz klopfen, als sie die dunklen Linien auf der beschlagenen Scheibe erkannte, durch die das Licht der Straßenlaterne fiel. In diesem Augenblick war sie so tief getroffen, daß sie es jemandem erzählen mußte. Sie rief ihre Tante, bei der sie wohnte, und erklärte ihr, worüber sie sich so erschrocken hatte. Ihre Pflegemutter schaute sie befremdet an und fragte: »Warum hast du ausgerechnet so etwas gezeichnet?« Das Mädchen zuckte die Achseln. Sie wußte es nicht. Und sie erlebte die Frage wie eine Entweihung. Als sie dann später im Bett lag, fühlte sie noch den bitteren Nachgeschmack des Unverstanden-Seins. Die Vision des strahlenden Kreuzes trug sie jedoch in sich als ein Geheimnis, das ihrem weiteren Leben Licht verlieh.

Der Engel mit der roten Trommel

Die längste Reise ist die Reise nach innen.

Dag Hammarskjöld

Es kommt einmal ein Augenblick im religiösen Leben mit den Kindern, wo wir einen Schritt zurücktreten müssen. Und wenn wir Glück haben, können wir sehen, wie auch der Engel des Kindes zurücktritt.

Der Junge stand mit dem Bild in den Händen oben an der Bodentreppe. Die Vorderseite war mir zugekehrt und ich erkannte den Engel mit der roten Trommel, das Bild von Fra Angelico, das seit Jahren über seinem Bett gehangen hatte. Doch nun hatte er es abgehängt und frug etwas unsicher: »Muß ich ... das ... immer noch über meinem Bett?« Ich dachte eben nach und schlug ihm vor, daß ich seinen Schutzengel für ihn aufbewahren wolle. Deutlich erleichtert polterte er die Treppe herunter und übergab mir sorgfältig den Engel mit der roten Trommel.

Als ich später in sein Zimmer kam, hing da ein anderes Bild über seinem Bett, die Fotographie von einer Art Wegelagerer mit Hut und dunklem Stoppelbart. Mir verschlug es doch eben den Atem, als ich las, was darunterstand: George Michael. Das war der Name eines hohen Erzengels und von Sankt Georg, seinem Repräsentanten auf Erden. Und es hing genau auf dem Platz, wo der »alte« Engel gehangen hatte. Natürlich war das ein Zufall, doch war mir klar, daß ich diesen glücklichen »Zufall« nicht gegenüber jemandem erwähnen durfte, der gerade fünfzehn Jahre alt geworden ist und nun sein Zimmer von allem entledigt, was an früher erinnert, als er »noch klein war«.

Der junge Mensch, der seinen Engel vor die Tür setzt, macht damit eine Gebärde, die für sein Lebensalter von wesentlicher Bedeutung ist. Er schließt eine Tür: Die Tür zur frühesten Jugend mit all ihrem sorglosen Leben fällt ins Schloß, und der Engel zieht sich zurück. Das Heimweh nach dem verlorenen Land, wo es warm und vertraut war, wird hinweggefegt von dem Verlangen, nunmehr ein Bewohner des unbekannten Landes der Erwachsenen zu werden. Das ist eine Zeit mit vielen wirren Gefühlen und vielen Fragen und oft auch mit Augenblikken großer Klarheit und Einsicht.

Eines Abends komme ich der dreizehnjährigen Tochter gute Nacht sagen. Für den Spruch fühlt sie sich nun schon zu groß, deshalb habe ich ihn für sie aufgeschrieben, so daß er auf jeden Fall zur Hand ist, wenn sie ihn braucht. In der Erziehung nimmt das religiöse Leben von nun an einen bescheidenen Platz ein, doch reden wir viel miteinander, manchmal auch bei einer brennenden Kerze. Wenn die Schatten der Nacht die Konturen der alltäglichen Dinge weicher machen und die Grenzen verwischen, dann knüpfen wir gerne ein Gespräch an. Dann kommt es bisweilen vor, daß sie plötzlich Worte findet für das, was sie fühlt und erlebt. Dann ist es, als ob durch sie eine höhere Weisheit spräche, und man lauscht verwundert. Einmal formulierte sie es so: »Ich kann nicht mehr so spielen wie früher. Es ist, als ob ich auf einer Schwelle stehe: manchmal falle ich wieder in eine frühere Phase zurück, aber noch öfter schaue ich nach der anderen Seite, und dann merke ich, daß ich verstehe, was sie sagen.« Sie – das sind die Erwachsenen.

Später drückte sie es noch direkter aus. Sie hatte sehr lang mit Puppen gespielt. Doch als sie ihr Zimmer wieder einmal umräumte, hatte sie alle ihre Lieben auf den Dachboden gebracht und in einer dunklen Ecke schlafen gelegt. Manchmal schaute sie noch nach ihnen und ließ sich dabei auch eine Weile zum Spiel verführen. Doch eines Tages gestand sie: »Neulich habe ich Jan (eine sehr geliebte Puppe) nochmal auf dem Boden besucht. Doch es war ganz komisch, ich ärgerte mich eigentlich nur an der Puppe. Sie gab keine Antwort mehr.«

In den mühsamen aber auch herrlichen Jahren des Erwachsenwerdens gibt es gar manches, was uns Eltern in Verwirrung bringt. Es ist, als ob die Kinder stets eine andere Maske aufsetzen, dabei aber immer eigentlich auf der Suche nach dem »eigenen« Gesicht sind. Körperlich wachsen sie in alle Himmelsrichtungen; ständig wollen sie ihre Länge messen. Sie stellen sich auf Zehenspitzen, um uns über die Schulter zu sehen. Es ist, als wollten sie wissen, ob da etwa jemand hinter uns steht. Und dann wird es höchste Zeit für die Eltern, einen Schritt beiseite zu gehen und sie sehen zu lassen, *wer* hinter ihnen steht und in *wessen* Namen sie ihre Kinder bis jetzt begleitet haben, so gut sie es eben vermochten.

Beim Nachbarn wird Geburtstag gefeiert. Kinder ziehen in einer langen Schlange singend durch den Garten. Zwei von ihnen bilden mit hoch erhobenen Händen ein Tor, unter dem die anderen hindurchgehen.

Weiße Schwäne, schwarze Schwäne,
wer will mit nach England fahren?
England ist geschlossen,
der Schlüssel ist zerbrochen.
Ist denn hier kein Schmied im Land,
der den Schlüssel machen kann?
Laß sie alle durchgehn,
die Letzten müssen vorgehn.

Sie singen, bis einer unter dem Tor gefangen wird. Wer im Tor steht, darf frei wählen zwischen zwei Wegen: Gold oder Silber, Sonne oder Mond, Engel oder Teufel. Doch niemand außer dem Kind, das im Tor steht, darf hören, welches die zwei Wege sind, denn dieses Geheimnis hüten die Wächter am Tor.

Literatur

Pieter Cornelis Boutens, Stemmen, 1907
Erika Dühnfort, Vom größten Bilderbuch der Welt, Stuttgart 1977
Ida G. M. Gerhardt, Sonnetten van een leraar, Assen 1951; Gesammelte Gedichte, Amsterdam 1980
Guido Gezelle, Kleengedichtjes, 1860
Johann Wolfgang von Goethe, Wilhelm Meister, dtv Bd. 8, S. 169
W. Hessels, Con sordino, Gesammelte Gedichte, Den Haag 1949
Lucebert, Van de afgrond en de luchtmens, Den Haag 1953
Friedrich Rittelmeyer, Menschen untereinander – Menschen füreinander, Stuttgart ⁴1987
Henriëtte Roland Holst-van der Schalk, In der webbe der tijden, Rotterdam 1947
Antoine de Saint-Exupéry, Der kleine Prinz
Paul Verbruggen, Gedichte, Antwerpen 1932